養護教諭のための 救急処置

監修
加藤 啓一　日本赤十字社医療センター副院長

編著者
松野 智子　十文字学園女子大学人間生活学部元准教授
齋藤 千景　埼玉大学教育学部准教授

著者
髙橋 裕子
土屋 芳子
宮津 百代
山本 和子

First Aid

〈第3版〉

少年写真新聞社

は じ め に

　養護教諭普通免許状の取得に必要な科目と単位数（最低修得単位数）は、教育職員免許法に規定されています。「救急処置」は、「養護に関する科目」に定められた科目区分「看護学（臨床実習及び救急処置を含む）」として10単位が規定されています。

　筆者らが勤務する大学は、発達心理学科を基盤にし、学生の希望により養護教諭普通免許状の取得が可能な教育課程を持っている4年制大学であり、「救急処置」は2単位の必修の位置付けになっています。養護実習を控えている学生は、例年、実習への不安を抱えていますが、とりわけ多いのが救急処置に関する不安でした。こうしたことがきっかけとなり、養護実習前に、救急処置に関する基礎的な事項の確認や、学校現場で多く見られる傷病を中心とした対応について学ぶことを目的とした講習会を計画しました。その指導に現職の養護教諭の方々のご協力を得るなどしながら、一昨年度までの6年間取り組んでまいりました。

　学生は養護実習終了後の実習日誌に、「実習直前に講習会で学べたことで、実習中もあまり戸惑うこともなく子どもたちに関わることができた」などと綴っていました。

　しかし、本学の学生は、日常で救急処置の体験をする機会がほとんどないことから、学びが定着しにくい状況にあることが考えられました。そこで、これまで指導に使用した資料に学生からの質問等を加え、養護教諭を目指す学生が、常に自分の近くに置いて救急処置に関する知識・技能の確認ができるテキストがあればとの願いを込めて本書を作成しました。

　本書を作成するにあたっては、あくまでも養護教諭養成課程の学生を対象とするという考え方から出発しましたが、現職養護教諭の先生方にとっても、救急処置に関する的確な判断と対応の一助になれるものと考えております。

　最後になりましたが、長年にわたり休日の貴重な時間を費やしてご指導いただき、さらには著者としてご尽力いただきました先生方、多忙な日々にもかかわらず医学的な知見のご教示と監修をご快諾いただきました加藤啓一氏、出版にあたりご尽力頂きました少年写真新聞社の野本雅央氏、山部富久美氏に心より感謝申し上げます。

平成25年4月
松野　智子
齋藤　千景

第3版にあたって

　本書は、養護教諭を目指す学生のテキストとして平成25年に作成されました。第3版を発行するにあたり、改正等の箇所を最新のものに差し替えたところです。現在養護教諭として、日々学校保健活動に取り組んでおられる方々にも活用されていることに感謝申し上げます。

平成28年9月
松野　智子
齋藤　千景

目　次

はじめに　　3

第1章　養護教諭と救急処置　　7

1. 学校における救急処置で求められる養護教諭の役割……………… 8
2. 学校で行う救急処置の位置づけ……………………………………… 9
3. 救急処置時の対応の留意点…………………………………………… 10
4. 事後措置………………………………………………………………… 11

第2章　救急処置の手順　　17

1. 対応場面について……………………………………………………… 18
2. 救急処置の手順について……………………………………………… 18

第3章　内科的な救急処置　　33

発　熱…………………………………………………………………………… 34
　　観察………………………………………………………………………… 34
　　判断・対応………………………………………………………………… 34
　　保健指導…………………………………………………………………… 36
頭　痛…………………………………………………………………………… 37
　　観察………………………………………………………………………… 37
　　判断・対応………………………………………………………………… 38
　　保健指導…………………………………………………………………… 39
腹　痛…………………………………………………………………………… 40
　　観察………………………………………………………………………… 40
　　判断・対応………………………………………………………………… 41
　　保健指導…………………………………………………………………… 42
けいれん性疾患………………………………………………………………… 43
　　観察………………………………………………………………………… 43
　　判断・対応………………………………………………………………… 43
　　保健指導…………………………………………………………………… 44
脳貧血…………………………………………………………………………… 46
　　観察………………………………………………………………………… 46
　　判断・対応………………………………………………………………… 46

| 保健指導 ·· 47
 熱中症 ·· 48
    観察 ·· 48
    判断・対応 ·· 49
    保健指導 ·· 50

第4章　外科的な救急処置　　51

 擦り傷・切り傷・刺し傷 ·· 52
    観察 ·· 52
    判断・対応 ·· 53
    保健指導 ·· 53
 捻挫・骨折・打撲・突き指・脱臼 ···································· 54
    観察 ·· 55
    判断・対応 ·· 56
    保健指導 ·· 56
 熱　傷 ·· 57
    観察 ·· 57
    判断・対応 ·· 58
    保健指導 ·· 60
 頭部外傷 ·· 61
    観察 ·· 61
    判断・対応 ·· 62
    保健指導 ·· 63
 目のけが ·· 64
    観察 ·· 65
    判断・対応 ·· 65
    保健指導 ·· 66
 鼻・耳のけが ·· 67
    観察 ·· 67
    判断・対応 ·· 68
    保健指導 ·· 69
 歯・口のけが ·· 70
    観察 ·· 71
    判断・対応 ·· 71
    保健指導 ·· 72

◆学校現場 Q&A　　73

第5章　手当の基本　77

　（1）体位 ·· 78
　（2）罨法 ·· 80
　（3）RICE 処置 ·· 82
　（4）止血法 ·· 84
　（5）包帯法 ·· 87
　（6）三角巾法 ·· 90
　（7）固定法 ·· 93

第6章　校内応急手当研修会の開催にあたって　95

　1　学校における危機管理（「学校保健安全法」）············ 96
　2　危機管理に果たす養護教諭の役割···························· 96
　3　「校内応急手当研修会」の企画にあたって ··············· 97
　4　校内応急手当研修会の実際（例）···························· 99

資料···103
　〔独立行政法人日本スポーツ振興センターの災害共済給付について〕···104
　　1　概要··104
　　2　給付の対象となる災害の範囲と給付金額················104
　　3　請求と給付について··105
　　4　学校の管理下における事故発生時の災害共済給付請求の流れ···106
　　5　学校の管理下となる範囲···107
　〔心肺蘇生の手順と AED の使い方〕··································112
　【解説】学校における心肺蘇生教育······································115
　〔バイタルサイン〕··116
　〔ショック〕···120
　〔手洗いの手順〕··128
　〔嘔吐物の処理〕··129

演習　　130
索引　　133／**監修者・著者紹介**　　135／**参考文献・資料**　　136

第1章

養護教諭
と
救急処置

1　学校における救急処置※で求められる養護教諭の役割

　学校は、子どもにとって安全・安心な学習活動のできる場所でなければならないが、心身ともに発育・発達途上にある異年齢の活発な子どもの集団が過ごしていることから、予期しない事故が起こり得る場である。学校において救急処置は欠かせないものとなっている。

　学校における救急処置は、「医療機関での処置が行われるまでの応急的な対応であること」、また、傷病への対応にとどまらず、子どもの発達段階に即した保健指導を行い、「子どもが自分の健康問題に気付き、理解と関心を高め、自ら解決しようとする態度を育成する」などの教育的活動である。

　学校における救急処置の中心となる養護教諭には、発生した傷病に対して、症状の的確な見極めと医療機関などへの受診の有無を含め、総合的に判断し対応することと同時に、傷病の悪化や再発防止などに向け、子どもの体験を通した保健指導が求められている。養護教諭は、医療に関する知識・技術の習得はもちろんのこと、子どもの心身の発達に関する知識の習得や指導力向上のため、日々の研さんを重ねることが大切である。さらに、緊急時に適切に対応するための救急体制を整備し、事件・事故・災害の発生に対して速やかに対応できるように日常から教職員と役割や連携方法などの共通理解を図り、保護者・関係機関などとの連携体制を整備しておく必要がある。

　学校の管理下における傷病や事故などの発生時には、養護教諭のみならず全教職員が適切で迅速な対応ができることが必須となるため、校内研修の実施により全教職員が基本的な応急手当に関する知識や技術を身につけておくことが必要である。養護教諭は、指導的役割を果たすため校内研修の企画・実施に積極的にかかわることが大切である。

　学校における救急処置後の関連事項として、学校の管理下での傷病に対しては、治療費などの給付を行う災害共済給付の制度があり、これに伴う事務手続きが行われなければならない。この手続きの担当者に関しての規定はないが、養護教諭は制度の規定や具体的な事務内容について把握しておく必要がある。

※救急処置について
　非医療従事者である養護教諭が行う対応は、本来であれば、「応急手当」と表記すべきところであるが、学校保健安全法により「救急処置」となっていることから、本書では「救急処置」と表記している。

2　学校で行う救急処置の位置づけ

①　学校で行う救急処置の目的は、予期しない傷病の発生に対して適切な対応をすることで、子どもの傷病の悪化を防止し、心身の安心・安全を確保し生命を守ることである。

②　学校で行う救急処置は、「傷病を悪化させない」、「苦痛を軽減する」、「不安を与えない・軽減する」などが基本であり、医療機関または保護者に引き渡すまでの応急的なものである。

③　救急処置は、教育活動の一環として位置づけ、個別の保健指導の機会とする。
　＊救急処置は、子どもの発達段階を考慮した指導を実施し再発予防などに活用する。
　＊子どもの体験を通した指導や教科で学習した内容との関連づけにより、救急処置に対する子どもの理解が容易となる。

④　学校における救急処置の範囲
　１）ただちに対応しないと傷病者が生命の危険に陥る可能性が高いと判断し、医療機関に引き継ぐまでの対応。
　＊緊急度・重症度の判断を的確に行い、生命を守ることを最優先にする（救急車の要請・心肺蘇生・AEDの使用など）。
　２）医療機関受診のため傷病者を保護者に引き渡すまでの対応、または保護者の要請で学校の教職員の付き添いにより医療機関へ受診するまでの対応。
　＊生命の危険に陥ることはないが、医療による処置を必要と判断した傷病者が対象となる。
　　・苦痛を緩和する対応（体位の工夫・患部を冷やす、または温める・包帯や三角巾などで固定する・RICE等の処置など）
　　・不安を軽減する言葉かけや環境づくり
　　・再発予防のための保健指導の実施（保護者への助言や協力要請を含む）
　３）医療の対象とはならない程度の軽微な傷病への対応。
　　・保健室での休養や医行為※に触れない範囲の対応（保健指導を含む）
　＊学校における救急処置の多くを占める。

※医行為に関する詳細は、「医師法第17条、歯科医師法第17条及び保健師助産師看護師法第31条の解釈について」（平成17年7月26日厚生労働省医政局長通知、p.123）を参照のこと。

3　救急処置時の対応の留意点

① 常に冷静な態度で対応する。
・医療機関や保護者に引き継ぐまで、または教室に復帰するまでの冷静沈着な対応により、傷病者や教職員に安心感を与えることができる。
・救急車要請が必要な場面を想定して、年度当初において管理職や教職員の共通理解を得ておくこと。

② 正しい知識に基づいて適切な対応を行う。
・傷病者や保護者や教職員からの信頼を得ることにより、必要な対応に関して協力が得られやすくなる。

③ 対応にあたっては、言葉かけなどで安心感を与えるように努める。
・落ち着いた環境をつくり、訴えをよく聴き適切な言葉がけを行う。

④ 複数の傷病者がいる場合は、緊急度・重症度の高い者を優先して対応する。
・他の傷病者に対しては、状況を説明し理解と協力を得るようにする。
・傷病者の状態、発生状況及び経過を時系列で記録しておき、搬送先の病院、保護者、学校に速やかに伝えることができるようにする。

⑤ 学校生活での管理が必要な子どもを把握し、緊急時の対応に備えておく。
・慢性疾患のある者や治療中の者など管理が必要な子どもに対しては、緊急時の対応について主治医や保護者との連携を密にしておく。

⑥ 校内救急体制を整備し、全職員で対応を確認する。
・緊急時に教職員の協力を得て迅速かつ円滑に対応するため、救急体制の整備と同時に、日頃から教職員と良好な人間関係を築いておく。
・教職員に対して応急手当や心肺蘇生など研修の機会を計画的に設定する。

⑦ 救急処置に必要な備品等は常に点検整備する。
・備品の定期的な点検を行い緊急時に備える。また、緊急時に必要な備品や救急バッグなどの保管場所を明記する。

⑧ 医行為に当たる対応は行わない。
・医行為は、医療従事者に許可された行為であり、非医療従事者が行ってはならない。

⑨ 事故などの拡大や二次災害の防止に努める。
・常に最新の知識などを習得するように努める。

⑩ 傷病者への対応事例から学んだことを次に生かせるようにする。
・様々な状況から起こった傷病事例への対応から学ぶことは多く、事実の確認に基づいた記録と評価を実施し、対応能力を高めるように努める。

⑪ 養護教諭自身の心身の健康管理に留意し、常に安定した気持ちで対応する。
・緊急時に迅速かつ的確な判断・対応を行うためには、自分自身の健康管理に気をつけ常に体調を整えておく。

4 事後措置

① 事故報告は速やかに行う。
・事故発生から経過、終了まで客観的事実に基づき記録して管理職、担任等に報告する。
② 回復のための支援・事故後の心のケアの実施。
③ 事故の再発防止。
・事故などの拡大や再発防止に向けた対応について、全教職員との共通理解を図る。
・再発防止に向けた保健指導を徹底する。
④ 「独立行政法人日本スポーツ振興センター」への手続き。
・学校の管理下における負傷・疾病にかかわる医療費等の手続きは誠意をもって迅速に行う。

「学校の管理下」とは
〈独立行政法人日本スポーツ振興センター法施行令第5条2〉
一 児童生徒等が、法令の規定により学校が編成した教育課程に基づく授業を受けている場合
二 児童生徒等が学校の教育計画に基づいて行われる課外指導を受けている場合
三 前二号に掲げる場合のほか、児童生徒等が休憩時間中に学校にある場合その他校長の指示又は承認に基づいて学校にある場合
四 児童生徒等が通常の経路及び方法により通学する場合
五 前各号に掲げる場合のほか、これらの場合に準ずる場合として文部科学省令で定める場合

学校の管理下での傷病に対して、治療費などの給付を行う制度がある。

＜独立行政法人日本スポーツ振興センター＞

　独立行政法人日本スポーツ振興センターが、災害共済給付制度に基づき、学校の管理下における子どもなどの災害（負傷、疾病、障害または死亡）に対して災害共済給付（医療費、障害見舞金または死亡見舞金支給）を行う。

　※手続きなどについては、p.104〜111 参照のこと。

救急及び緊急連絡体制

　平常時のみならず緊急事態発生時に適切に対応するために学校の実状に合わせた救急体制を整備する。

　また、養護教諭不在時の救急体制についても教職員の役割を確認できるようにする。

　救急体制については、教職員の役割も含め年度当初の職員会議などにおいて、周知徹底をする。

　すべての教職員が応急手当に関する知識と技術を身に付け、的確な対応ができるようになるために、養護教諭には、校内研修の企画と指導者としての役割が求められる（第６章「校内応急手当研修会の開催にあたって」を参照）。

校内での事件・事故災害発生時の対処・救急及び緊急連絡体制の一例

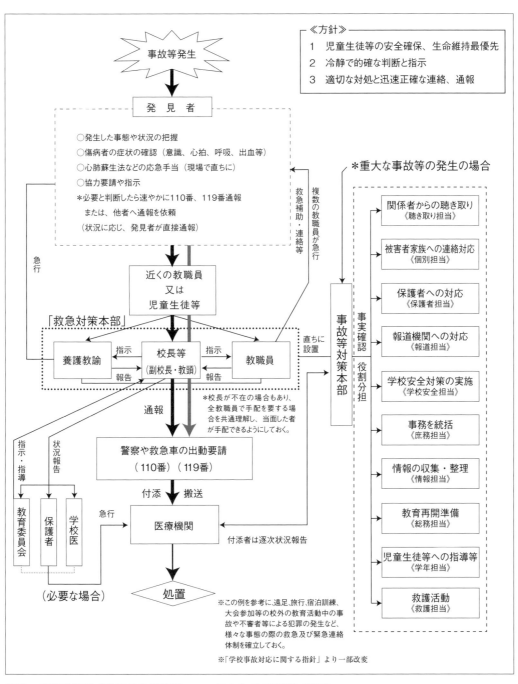

出典：文部科学省『学校の危機管理マニュアル作成の手引』2018
（https://anzenkyouiku.mext.go.jp/mextshiryou/data/aratanakikijisyou_all.pdf）より

学校医・学校歯科医・学校薬剤師及び地域の関係機関等に関する連絡先の一覧表の作成

　学校保健活動を推進するには、学校医・学校歯科医・学校薬剤師をはじめ地域の関係機関との連携を図ることが大切である。

　学校医・学校歯科医・学校薬剤師及び地域の関係機関等への連絡を容易にするためには、「学校医・学校歯科医・学校薬剤師及び地域の関係機関等一覧表（例）」を作成するなどして主要な場所に掲示しておく。

　また、医療機関受診の必要がある場合に備えて、学校近隣の医療機関に関する連絡先となる「学校近隣の医療機関一覧表（例）」を作成することが求められる。

学校医・学校歯科医・学校薬剤師及び地域の関係機関等一覧表（例）

	医療機関名	住所（上段）／診療時間（下段）	電話番号
内科	××内科クリニック（学校医）	△市△△　○丁目○番地○号 平日9－12時、15－18時　休診木曜日午後	0000-0000
眼科	××眼科医院（学校医）	△市△△　○丁目○番地○号 平日9－12時、15－18時　休診木曜日午後	0000-0000
耳鼻咽喉科	××耳鼻咽喉科医院（学校医）	△市△△　○丁目○番地○号 平日9－12時、15－18時　休診木曜日午後	0000-0000
歯科	××歯科医院（学校歯科医）	△市△△　○丁目○番地○号 平日9－12時、15－18時　休診木曜日午後	0000-0000
薬局	××薬局（学校薬剤師）	△市△△　○丁目○番地○号 平日9－12時、15－18時　休診木曜日午後	0000-0000
総合病院	××総合病院（内・外・整形・脳神経）	△市△△　○丁目○番地○号 平日9－12時、15－18時　休診木曜日午後	0000-0000
	××救急病院（内・皮膚・整形・耳鼻咽喉）	△市△△　○丁目○番地○号 平日9－12時、15－18時　休診木曜日午後	0000-0000
保健所または市区町村保健担当課	××保健所	△市△△　○丁目○番地○号	0000-0000
消防署	××消防署	△市△△　○丁目○番地○号	0000-0000

学校近隣の医療機関一覧表（例）

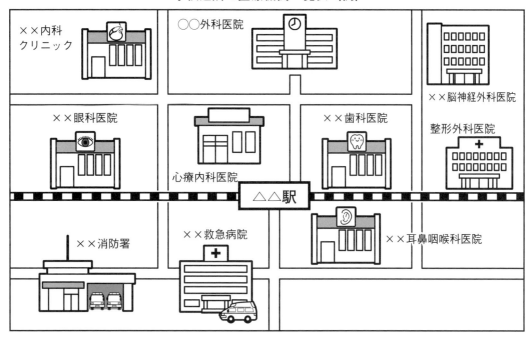

※各医院の位置関係がわかりやすいように地図によって表示している学校もある。

memo

第2章

救急処置の手順

1　対応場面について

養護教諭が学校で救急処置にかかわる対応場面は、大きく二つに分けられる。

(1) 傷病者の保健室来室
　子どもが心身の不調を抱えて本人だけで、あるいは保健委員、担任などに付き添われて保健室に来室する場合の対応である。まずは、子どもが入室する際の顔色や元気の有無など外見上の様子をしっかり観察する。保健室に入室する時点から救急処置が始まっていることを念頭に置く。保健室への子どもの出入りが常に確認できるところに養護教諭の事務机を配置する。なお、付き添いとして来室した子どもには、役割に対するねぎらいの言葉と安心感を与える。

(2) 傷病の発生場所
　保健室以外の場所での対応である。傷病は、教室内、廊下、体育館、校庭などあらゆる場所で発生するため、その場に居合わせた者からの連絡で養護教諭が現場に駆けつける。本人の意識が不完全な場合、意識があっても苦痛で言葉を発することや身動きをとることができない場合には、すぐに本人の状態を観察しその後の判断をすることになる。周りに居合わせた者から情報を得て判断に役立てることが必要となる。なお、その際に周りの子どもが不安に陥らないよう養護教諭からの言葉かけが大切である。

　いかなる場面であっても学校における救急処置にかかわる養護教諭の対応は、教育活動としての位置づけを常に念頭に置いて行う。

2　救急処置の手順について

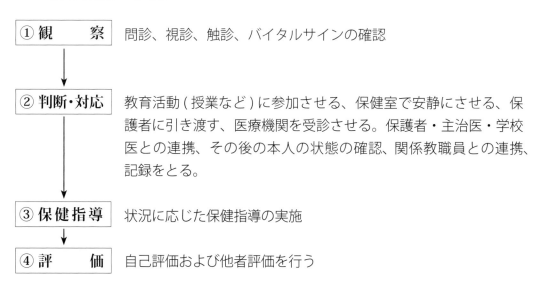

学校における救急処置の基本的な手順を以下に示す。
※症状別の具体的な手順に関しては、第3・4章を参照。

（1）観　察

観察は、判断・対応を的確なものにするための手順である。

問診、視診、触診、バイタルサインから傷病者の状態を把握する。意識がない、ショック症状（p.120参照）が見られる、大出血がある場合には、生命への危機感を持った緊急の対応が必要となる。

傷病者の意識がない場合、苦痛のために話せない場合、表現力の未発達などで正しく表現できない場合には、付き添い者、発見者、周囲に居合わせた者、担任などから情報を得る。また、傷病者の状態は刻々と変化することが多いので、一度だけの観察で終わることなく観察を継続する。

ア　問　診

子どもの訴えを確認しながら、状態を正確に把握する。

保健室利用カード（p.26～29参照）などを用いて聞き漏らしや聞き違いを防ぐ工夫をする。

＜問診事項＞
- ・発生時期（いつから）　・発生場所（どこで）　・発生部位（どこが）
- ・症状（どのように）　・原因（どうして）

留意点

養護教諭は、
- ・子どもに安心感を与え落ち着かせるようにする。
- ・子どもの気持ちに寄り添えるように、受容的な態度で接する。
- ・子どもの発達段階を考慮したわかりやすい言葉を使い、問診を進める。

イ 視診
診ることにより状態を把握する。

＜基本的視診事項＞

全身状態	ショック状態、意識状態、姿勢・体位、精神・気分状態、服装と清潔、ふるえ、発汗、栄養状態、発育状態、けいれん（持続時間・形）、疾患に特徴的な跛行 など
顔色・表情	**顔色及び口唇の状態**：チアノーゼ、顔面蒼白、顔面紅潮、冷や汗 **表情**：苦悶様　など
目・耳・鼻・口腔の状態	**目の状態**：瞳孔、充血、目やに、眼球の損傷、異物残留 **耳・鼻の状態**：損傷、異物残留、出血 **口腔状態**：咽頭の発赤・腫れ、扁桃腺の肥大、リンパ節腫脹　など
皮膚の状態	**外傷の部位と性状**：範囲・深さ、汚染程度、化膿、異物残留、開放創、出血、変形、腫脹、陥没、皮下出血、水疱、変色、ただれ **発疹の有無と性状**：紅斑、丘疹、水疱、発赤、浮腫、びらん　など
四肢・関節	冷感、熱感、左右の長さ、機能障害、運動障害　など
排泄物所見	液体（髄液・膿汁）、嘔吐物、血尿・血便・黒色便の排泄　など

留意点

日頃の子どもの様子を知っておくことは、異常の早期発見につながる。

ウ 触診
手指で直接触れるなどして患部の状態を察知する。

＜基本的触診事項＞

皮膚の状態	熱感・冷感、滑らかさ、湿潤性、硬さ、弾力性、感覚の有無、圧痛、変形、腫脹、血腫・浮腫、陥没　など
皮膚または深部組織	**腫瘤こぶの有無**：形状、大きさ、表面状態、可動性、硬さ、弾力性　など
その他	脈拍の状態、鼻の通気状態、リンパ節の腫れの状態　など

エ バイタルサイン
バイタルサイン（詳細はp.116参照）とは、人間が生きている状態を示す基本的な兆候のことである。

一般的にバイタルサインとは、意識 呼吸 脈拍 体温 血圧 の5項目で示される。それぞれの特徴を理解し、適切な判断・対応につなげることが重要である。

【バイタルサインの観察のポイント】

意　識	呼　吸	脈　拍	体　温
意識の有無を確認	呼吸の状態（数、深さ、リズムなど）を確認	脈拍の状態（数、リズム、強弱など）を確認	発熱の有無を確認

※血圧測定（水銀血圧測定器）に関しては、厚生労働省医政局長通知（平成17年7月）で医行為とされ、学校における救急処置の範囲には入らないとされている。自動血圧測定器使用の場合は、医行為から除外されている。ただし、測定された数値を基に医学的判断を行うことは医行為となっている(p.123参照)。以下、本書においては、バイタルサインの項目は血圧を除く4項目とする。

(2) 判断・対応

<救急車要請判断のめやす>
○緊急度が高いと判断する状態（救急車を要請）
- ・意識喪失の持続するもの
- ・ショック症状の持続するもの
- ・けいれんの持続するもの
- ・激痛の持続するもの
- ・多量の出血を伴うもの
- ・骨の変形を起こしたもの
- ・大きな開放創のあるもの
- ・広範囲の熱傷を受けたもの

※判断がつかない場合は、救急車を要請する。

○医療機関受診を必要と判断する状態
〈内科的主訴の例〉
- ・感染症の疑いがあるもの
- ・高熱や強い倦怠感を訴えるもの
- ・苦痛の訴えが強いもの（頭痛や腹痛が持続するもの）、など

〈外科的主訴の例〉
- ・頭部や顔の外傷
- ・骨折、捻挫などが疑われるもの
- ・縫合が必要と思われる外傷
- ・歯の欠損、脱落
- ・Ⅱ度以上の熱傷、など

<学校における対応>
① 保健室における対応
　以下の二つの場合がある。
　1　保健室において経過を見るために「ベッドで休養」「苦痛を和らげる体位をとらせる」などの対応をする。
　2　傷病者を保護者に引き渡すまでの対応、または保護者の要請で学校の教職員の付き添いにより傷病者が医療機関を受診するまでの対応をする。

> **留意点**
> - 学級担任や教科担任に対しては、子どもの状態がわかるように「保健室からの連絡票」などで概要を伝えるとともに、活動中の観察を依頼する。
> - 保護者への連絡に際しては、傷病の経緯を説明するとともに、家庭での観察と学校への報告などについて協力を依頼する(保護者連絡は、担任などに依頼することが多いので、説明する内容と依頼する事項について共通理解をしておく)。
> - 保護者の要請により、学校関係者の付き添いで医療機関に搬送する場合には、医療機関の選択や子どもの引き渡しなどについて保護者に確認する。
> - 教育活動をする上で配慮すべき事項などについては、保護者の許可のもとで主治医と連携を図り、予防的に対応する。
> - 傷病者に関する事項については、担任などとの共有内容を記録し、関係者に回覧したのち保管する。

※症状別の対応の詳細は第3・4章を参照のこと。

② 緊急度が高いと判断した場合の対応

緊急度が高いと判断した場合には、救急車を要請する。1人での対応は困難であり、周囲にいる者に的確な指示を出して協力を得る。救急車到着までは、子どものそばを離れることなく観察を継続することが重要である。

救急車の要請、保護者への連絡など緊急時に必要な対応については、年度当初の会議などにおいて周知徹底を図っておく。

事故発生時には、混乱を生じないよう、養護教諭はリーダーシップを発揮する。

（3）保健指導

救急処置は、個別の保健指導の機会でもある。保健指導は、発達段階を考慮して行う。傷病の経過と救急処置の体験をふり返りながら子どもが自ら考え、自分の生活習慣や行動について関心を持ち、自分でできる応急手当に気づくよう指導する。学年によっては、教科などで既に学習している内容と関連づけをしながら、子どもの理解を深める指導をする。

学校は異なる発達段階の子どもが集まっている場所であり、子ども同士で加害者、被害者となる例も少なくない。救急処置は安全に関する保健指導を行う機会となる。

> **メモ　記録の重要性**
>
> 　救急処置における記録は、子どもの健康課題や救急処置活動の資料となり、次年度の健康づくりに活用できる。また、「独立行政法人日本スポーツ振興センター」の書類提出漏れなどを防ぐことにも役立つ。
> 　発生状況、傷病の状態など救急処置に関する経時的内容と、報告、連絡、事務手続きなどを記録する。記録は、保健日誌にまとめ、管理職はじめ関係者に回覧し、子どもの健康状態について共通理解を図る。なお、事故の程度によっては、詳細な報告が求められる場合もあり、別途、記録を保管する。

≪救急車の呼び方（119番通報）≫

119番通報をすると、消防本部につながるので、あわてずに、落ち着いて、はっきりと話す。

消防庁の問いかけ	通報者の通報内容
火事ですか、救急ですか。	救急です。
何市（区）、何町、何丁目、何番、何号ですか。	××区×町×丁目×番×号の×学校です。 （救急車に来て欲しい場所を答える） （所在地だけでなく目印となるものも告げる）
どうしましたか。	小学2年生女子が鉄棒から落下して、頭を打ちました。意識はあります。脈拍は○、呼吸は○、右頭部に5cm大の切り傷があります。出血はほとんどありません。 （できるだけ内容を具体的に話す）
あなたのお名前と電話番号を教えて下さい。	×学校の×です。 ×学校の電話番号は××××－××××です。 （電話番号は通報に用いている電話の番号）
はい、わかりました。 10分程度で行きます。	はい。正門は開けておきます。

≪緊急時の校内体制・役割≫

A　救急車に引き継ぐまでの救急処置…心肺蘇生・AED・ショック症状への対応など。

B　保護者連絡 … 状況説明、医療機関が決まったら再度連絡、保険証などの持参を依頼。

C　救急車誘導 … 救急車が到着する門付近で誘導する。

D　到着した救急隊員に申し送り… 傷病者のプロフィール、傷病者の観察情報・処置内容を伝える。

E　救急車の同乗者の決定・引率準備 … 事故状況を把握している者が同乗する（子どもの連絡先、救急処置の記録、子どもの既往歴、同乗者の連絡手段とする携帯電話及び帰校時の交通費などを持参）。

F　他の子どもへの対応

G　記録

（4） 評 価

　救急処置の手順において、自己評価及び他者評価をすることは大切である。評価することは、救急体制や保健室経営などの改善点を知る機会にもなる。
　さらに、評価を、けがや病気の予防を踏まえた健康づくりのための保健指導や保健室経営に生かす視点が必要となる。

＜評価の視点＞
　　・観察は適切であったか
　　・判断は適切であったか
　　・対応は適切であったか（苦痛を軽減できたか、など）
　　・保護者への連絡は適切であったか
　　・校内の救急体制は機能したか、など

(例)小学校用　保健室利用カード(内科用)

ぐあいがわるい人

年　組　名前＿＿＿＿　　月　日　保健室に来た時間

体温(　　　　℃)

いつから

| 朝 | 学校に来るとき | 1時間目 | 2時間目 | 3時間目 | 4時間目 |
| 給食 | 昼休み | 5時間目 | 6時間目 | 放課後 | |

その他(　　　　　　　　　　　　　　　　　　　　　　　)

どんなふうに

あたまがいたい ・ おなかがいたい ・ きもちがわるい ・ だるい ・ ねつっぽい ・
かぜのしょうじょう(せき・はなみず・のどのいたみ)

その他(　　　　　　　　　　　　　　　　　　　　　　　)

＊あさごはんをたべましたか？	たべた　　たべない
＊あさ、うんちはでましたか？	でた　　でない
＊きのうは(　　)時にねた	きょうは(　　)時におきた
＊くすりをのんでいますか？	いる　　いない
＊おいしゃさんにいっていますか？	いる　　いない

＊なぜぐあいがわるくなったのでしょう？
(　　　　　　　　　　　　　　　　　　　　　　　　　　　)

養護教諭記入欄

嘔吐(　　) 下痢(　　) 鼻汁(　　) 咽頭発赤(　　)
咽頭痛(　　) 咳(　　) 発疹(　　)
食欲不振(　　) 腹部膨満感(　　) 胃部圧迫感(　　)
その他
・教室復帰　　　　　・保健室で経過観察
・医療機関受診　　　・早退(　　時　　分)
・保健指導
・保護者へ連絡
・担任へ連絡

(例)小学校用　保健室利用カード(外科用)

けがをした人					
年　　組　　名前			月　　日		保健室に来た時間

いつ

朝	学校に来るとき	1時間目	2時間目	3時間目	4時間目
給食	昼休み	5時間目	6時間目	放課後	

その他（　　　　　　　　　　　　　　　　　　　　　　　　　　）

どこで

校庭 ・ 体育館 ・ 教室 ・ 階段 ・ ろうか ・ トイレ ・ 図工室 ・ 音楽室 ・ 家庭科室

その他（　　　　　　　　　　　　　　　　　　　　　　　　　　）

どこが

どのように

すりきず・きりきず・さしきず・だぼく(ぶつけた)・ねんざ(ひねった)・つきゆび・
きんにくつう・はなぢ・まめ・とげ・目のごみ

どうして（けがをした理由）

（　　　　　　　　　　　　　　　　　　　　　　　　　　　　　）

養護教諭記入欄
・学校での救急処置
・医療機関受診
・保健指導
・保護者への連絡
・担任への連絡

（例）中・高等学校用　保健室利用カード（内科用）

太枠内を記載すること

月　日　曜日	年　組　番　氏名（　　　　）　所属クラブ（　　　　　）
来室時刻 時　分	始業前・1・休・2・休・3・休・4・昼・掃・5・休・6・休・7・放 何の時間（　）（　）（　）（　）（　）（　）（　）
◆どうしましたか	・腹痛　・頭痛　・胃痛　・気持ちが悪い　・寒気　・吐き気 ・その他（　　　　　　　　　　　　）
◆どこが ◆体温 （　　℃）	（身体図・顔の図）
◆いつから	・昨日から　・朝起きたときから　・登校（直前・中・直後から） ・授業中（　時間目の　　の授業から）　・部活動（直前・中・直後） ・その他（　　　　　　　　　　　　　　）から
◆思い当たる原因は ありませんか	・睡眠不足　・食べ過ぎ　・朝食抜き　・便秘　・疲れ　・冷え　・心配事 ・不明　・その他（　　　　　　　　　　　　　　）
◆生活の様子	1. 昨夜の就寝時間（　時　　分）　2. 起床時間（　時　　分） 3. 睡眠時間（　時間　　分）　4. いつもの睡眠時間と比べると（多・同じ・少） 5. 朝食は食べましたか？［食べた・食べない‥‥なぜ（　　　　）］ 6. 昼食は食べましたか？［食べた・食べない‥‥なぜ（　　　　）］ 7. 今日、排便しましたか？［はい・いいえ‥‥（　　）日前排便した］ 8. 最近疲れていますか？ 　・はい（勉強で・部活動で・遊びで・その他（　　　　　　）） 　・いいえ 9. 今、悩みや心配ごとがありますか？ 　・はい（勉強で・部活動で・遊びで・その他（　　　　　　）） 　・いいえ
◆どうしたいですか	・休業したい　・早退したい　・病院に行きたい　・その他（　　　）
補足的症状	嘔吐（　）　頭重感（　）　めまい（　）　立ちくらみ（　） 意識障害（　）　だるい（　）　耳痛（　）　発疹（　） 鼻汁（　）　咽頭痛（　）　咳（　）　嚥下痛（　） 呼吸困難（　）　便秘（　）　下痢（　）　食欲不振（　） 胸やけ・げっぷ（　）　腹部膨満感（　）　上腹部不快感（　） 胃部圧迫感（　）　腹鳴（　） その他（　　　　　　　　　　　）　◆指導事項
処置	・教室復帰 ・保健室で経過観察（　　～　　） ・自宅へ帰す（　　時　　分）

(例)中・高等学校用　保健室利用カード(外科用)

年　　　組　　　番　氏名	
来室時間　　　月　　日　　曜日　　時　　分	
発生時間　　　月　　日　　曜日　　時　　分	

負傷名	1 擦り傷　2 切り傷　3 打撲　4 突き指　5 捻挫　6 刺し傷 7 火傷　8 眼科　9 耳鼻科　10 歯科 11 その他(　　　　　　　　　　　　　　　　　　　　　　　　)
負傷部位	
発生場所	1 教室・廊下　2 階段　3 体育館　4 格技場　5 グラウンド 6 校内のその他　7 道路　8 他の学校 9 校外のその他(　　　　　　　　　　　　　　　　　　　　　)
発生時間	1 体育　2 体育以外の授業中　3 部活動　4 HR活動　5 学校行事 6 始業前　7 休憩中　8 放課後　9 登校中　10 下校中 11 その他(　　　　　　　　　　　　　　　　　　　　　　　　)
(登下校中の場合)‥‥	1 歩行中　2 自転車　3 バス　4 電車　5 自家用車　6 その他
運動中の場合 運動種目	1 陸上　2 体操　3 バスケット　4 バレー　5 サッカー　6 野球 7 テニス　8 その他(　　　　　　　　　　　　　　　　　　　)
けがをした状況および 原因と思われること	できるだけ詳しく記入してください。
処　置	1 学校で処置 　(　　　　　　　　　　　　　　　　　　　　　　　　　　　　) 2 悪化したら受診するように指示　3 病院移送　4 早退 5 その他
備　考	意識(有・無)　吐き気(有・無)　頭痛(有・無) 瞳孔散大(有・無)　瞳孔反射(有・無)　視力(有・無) けいれん(有・無)　顔色(紅潮・良・蒼白) 病院移送　　時　　分 医療機関名 保護者への連絡 　　　　　　　時　　分

時　間			
体　温			
脈　拍			
呼　吸			

29

（例）保健日誌

校　長	副校長（教頭）				月　　　日　　曜日		記録者印
				天候	温度　　　　　　　℃		
					湿度　　　　　　　％		
学校行事				受領文書			
記事							

処　置　記　録

年組	氏　名	来室時刻	退室時刻	状　況	処置・対応
		:	:		
		:	:		
		:	:		
		:	:		
		:	:		
		:	:		
		:	:		
		:	:		
		:	:		
		:	:		
		:	:		
		:	:		
		:	:		
		:	:		
		:	:		
		:	:		
		:	:		
		:	:		
		:	:		
		:	:		
		:	:		
処置計	1年　　　　名	2年　　　　名	3年　　　　名	合　計	名

(例)『緊急時・医療機関受診時における救急処置記録』

回覧	校長			起案者

記録者（　　　　　　　）

児童生徒名(だれが)	年　　組　　番　氏名　　　　　　　　　　（　　　部）		
発生日時(いつから)	平成　年　月　日（　曜日）午前　　時　　分ころ		
発生場所(どこで)	(校内) 階 普通教室(　年　　組教室)(　　　　　　　)		
	(校外) 校庭・グラウンド・体育館・柔道場・剣道場(　　　)		
発生の状況	原因(どうして)		
	傷病部位(どこを)		
	症状・傷病名 (どのように)		
対応措置	第一発見者	時　　分発見　発見者名： 観察事項：　　　　　　　　　対応：	
	記録者が連絡を受けた時間	時　　分：	
	観察事項		
	救急処置(応急手当)内容		
	学級担任・養護教諭・ 管理職・部顧問等連絡	時　　分：学級担任へ連絡　　時　　分：養護教諭へ連絡 時　　分：管理職へ連絡　　　時　　分：部顧問へ連絡	
	保護者へ連絡	時　　分：（　　　　　）から連絡	
	救急車へ連絡	時　　分：連絡する 時　　分：救急車到着　救急車の同乗者：	
	担当医説明	時　　分：(説明概要)	
	保護者へ子どもの引き渡し	時　　分：だれに	
その他、添付資料	必要に応じて添付（発生場所等の見取り図・理科実験のプリントなど）		

memo

第3章

内科的な救急処置

発　熱

1　発熱とは
発熱とは、体温が平常時以上に上昇することを言うが、通常37℃以上の体温上昇を発熱とすることが多い。

2　発熱を起こす主な疾患
かぜ、インフルエンザ、急性気管支炎、肺炎、扁桃腺炎、中耳炎、脳脊髄膜炎、麻しん、流行性耳下腺炎、風しん、水痘、手足口病、伝染性紅斑、食中毒、熱中症など

学校でよく見られる発熱は、かぜやのど・耳の炎症や感染症である。虫垂炎や腎盂炎・ネフローゼの再発などでも見られる場合があるので、既往症を把握しておく。

観　察

観察事項
□体温　　□脈拍　　□呼吸　　□顔色・表情　　□皮膚の状態（発疹の有無・部位・程度）　　□悪寒・熱感の有無　　□リンパ節の状態　　□かぜ症状の有無（鼻汁、くしゃみ、せき、咽頭痛など）

注意すべきこと
◎発熱を起こす疾患は多いので、全身の状態を注意深く観察する。
◎時間の経過とともに状態が変化する場合もあるので、継続して観察する。
◎感染症を念頭において、家族の体調を確認する。

判断・対応

● <u>37℃前後の発熱のみでほかの症状が見られない場合</u>
　教室に復帰させる。
　　・復帰後に症状に変化があった場合は、再度保健室に来室するように伝える。

・担任（教科担任）に状況を説明し、経過観察を依頼する。
・既往歴や慢性疾患の有無は判断の際に重要となるため、保健調査などを確認する。

● 37.5℃以上の発熱が見られ、のどの痛み、鼻汁、くしゃみ、せきなどの症状や発疹が見られる場合
保護者へ連絡し、保護者が来校するまでは保健室で経過観察をする。
・保護者に対しては、症状が悪化するようであれば、早めに医療機関を受診するように助言する。
・感染症が疑われる場合は、保護者に対して地域と学校の流行状況などを説明し、医療機関を受診するように伝え、結果を学校へ報告するように依頼する。その際、出席停止についても説明する。

● 意識障害やけいれん性疾患が見られる場合
救急車を要請する。

意すべきこと
◎学校で予防すべき感染症の発生状況に注意する。特に通学範囲内及び近隣での流行状況を把握しておくことは、判断の際に役に立つ。
◎高熱があり、意識障害がある場合は緊急の対応が必要である。

基本となる対応

○ベッドに寝かせて安静にし、観察を継続する。
○寒気を訴えるようであれば保温を行う。
○本人が希望すれば、頭部や額に冷罨法（p.81 参照）を行う。
○発熱時は脱水になりやすいため、嘔吐や吐き気が見られない場合は、水分の補給を行う。
○熱が高い場合は脇や頸部、鼠径部に冷罨法を行うことも効果的である。

意すべきこと
◎感染症が疑われるときは、ほかの子どもとの接触を避ける配慮が必要である。

保健指導

＊かぜ・インフルエンザの場合は、症状の緩和と感染の拡大を防ぐために、マスクを着用させるとともに、手洗い・うがい・水分補給・規則正しい生活（休養・栄養など）について指導する。

＊感染症発生時は、流行を防ぐために、全校の子どもへの保健指導も重要となる。さらに保護者への情報提供を行い、保護者の協力を得る。

頭痛

1　頭痛とは
頭痛とは頭部に感ずる様々な痛みの総称である。

2　頭痛を起こす主な疾患
かぜ、インフルエンザ、中耳炎、慢性副鼻腔炎、片頭痛、熱中症、くも膜下出血、脳腫瘍、髄膜炎、頭部外傷など

緊急度の高い疾患もあるが、学校で多く見られる頭痛はかぜ症状としての頭痛、寝不足や生活リズムの乱れによる頭痛などである。

メモ　緊急度の高い頭痛として注意する疾患

くも膜下出血：突然激しい頭痛が生じる（突然バットで殴られたような痛み）。
脳腫瘍：徐々に痛みが増強する。
脳出血：頭痛とともに意識障害や麻痺や言葉のもつれを伴う。
髄膜炎：発熱、頸部硬直、けいれん、嘔吐、羞明※を伴う。
熱中症：体温上昇、意識障害を伴う。
※異常にまぶしさを感じる状態。

観察

観察事項
□体温　　□脈拍　　□呼吸　　□顔色・表情　　□部位（痛む場所、両側か片側か）　　□性状（鈍痛・拍動性など）　　□持続時間、頻度、変化　　□強さ　　□外傷の有無　　□随伴症状（嘔気・嘔吐、肩こり、目の疲れなど）　　□生活習慣（睡眠時間、眼鏡使用の有無など）　　□耳鼻科症状（鼻炎・副鼻腔炎・中耳炎など）　　□歯科症状（う歯など）　　□眼科症状（羞明、複視・遠視・乱視、眼精疲労など）
　※頭痛は、耳鼻科・眼科疾患でも起きることがあるため、保健調査や日頃の健康観察も重要となる。

意すべきこと

◎頭痛の原因は多岐にわたるため、注意深い観察を行う。特に代表的な頭痛の特徴をよく理解して観察を行うことが、重症度を見極めることにつながる。
◎表現・感じ方は個人差が大きいことにも注意して観察を行う。
◎かぜ症状の有無を観察する。
◎頭痛は、問診が重要となるので、緊急でない限り丁寧に問診を行う。
◎外傷の有無を確認する。

判断・対応

●軽度の頭痛のみでほかの症状は見られない場合
落ち着かせたのちに教室に復帰させる。
・復帰後に症状に変化があった場合は、再度保健室に来室するように伝える。
・担任（教科担任）に状況を説明し、経過観察を依頼する。
・既往歴や慢性疾患の有無は判断の際に重要となるため、保健調査などで把握する。

●頭痛に加えてほかの症状（嘔気〔吐き気〕、発熱、かぜ・インフルエンザの症状など）も見られる場合
保健室で休養させ経過観察をする。
・症状が回復すれば教室へ復帰させる。
・症状が回復しない場合は、保護者へ連絡し、保護者が来校するまでは保健室で経過観察をする。
・保護者に対しては、症状が悪化するようであれば、早めに医療機関を受診するように助言する。

●緊急度の高い頭痛（p.37 参照）または、頭部外傷がある場合
救急車を要請する。

基本となる対応

○ベッドに寝かせて安静にして、観察を継続する。
○症状に応じて罨法（冷罨法・温罨法）を行う。

保健指導

＊反復する頭痛、慢性的な頭痛に対しては、まずは医療機関を受診するように助言し、器質的な問題がないかを確認する。
＊器質的な問題がない場合は、寝不足などの生活習慣の乱れから頭痛が生じることもあるため、生活習慣に焦点を当てた指導助言を行う。
＊精神的な問題で頭痛が生じることもあるため、心の健康に配慮する。

腹　痛

1　腹痛とは
腹痛とは、腹部に感ずる様々な痛みの総称である。

2　腹痛を起こす主な疾患
① 消化器に起因する腹痛：便秘、下痢、急性虫垂炎、胃炎、腸炎、膵炎、胆嚢炎、潰瘍、感染性胃腸炎（食中毒を含む）
② 消化器以外の臓器に起因する腹痛：鼠径ヘルニア嵌頓（かんとん）、泌尿器（尿路結石・膀胱炎など）、生殖器（睾丸の捻転、卵巣の茎捻転、子宮外妊娠破裂、月経痛など）
③ 外傷性の腹痛：腹部打撲・背部打撲による内臓損傷
④ その他：過敏性大腸症候群など

学校で多く見られる腹痛は、かぜや消化器に起因する腹痛、月経痛である。

> **メモ　急性虫垂炎**
>
> 当初、心窩部（しんか）（みぞおち）、臍のあたりに痛みがあり、その後数時間から１日くらいで右下腹部※へ移動する。嘔吐を伴うことが多く、発熱が見られることも多い。重症化すると腹膜炎を引き起こす恐れがあり、早期手術が必要である。
> 　学童期に多く見られる。
> ※マックバーネイ点：虫垂炎が疑われる圧痛点。右の上前腸骨棘と臍を結ぶ線で外側１/３の点を指す。

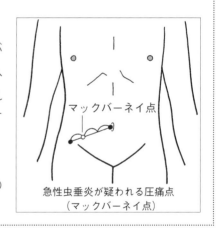

急性虫垂炎が疑われる圧痛点
（マックバーネイ点）

観　察

観察事項
□体温　　□脈拍　　□呼吸　　□顔色・表情　　□部位　　□痛みの性状（鈍痛・疝痛・放散痛）　　□痛みの程度　　□持続時間、頻度　　□外傷の有無
□排便の性状・色、下痢の有無　　□随伴症状（発熱、嘔吐・嘔気など）
□月経の有無　□食事内容、時間、食欲　　□既往歴　　□内服薬

注意すべきこと

◎ 腹痛は様々な原因で生じるため、発熱、嘔吐などほかの症状の有無と合わせながら丁寧に観察をする。緊急度が高くない場合も様々な要因を考慮しながら、継続した観察が重要となる。
◎ 外傷の有無を確認する。
◎ 腹部打撲・背部打撲による腹痛では、内臓損傷を念頭におく。
◎ かぜ症状や下痢、嘔吐、吐き気がないかを確認する。
◎ 発熱や下痢、嘔吐が見られる場合は、食中毒や感染症なども念頭において観察を行う。
◎ 腹部の痛みは関係臓器との関連があるため、部位の確認をする。

<痛みの部位に応じた関係臓器>

腹部の9区分法

①右上腹部(右季肋部) 肝臓、胆嚢、右腎臓	④上腹部(心窩部) 胃、十二指腸、膵臓	⑦左上腹部(左季肋部) 肝臓左葉、左腎臓、脾臓、下行結腸の一部
②右側腹部 上行結腸	⑤臍部(中央部) 小腸、横行結腸	⑧左側腹部 S状結腸、下行結腸
③右下腹部(右鼠径部) 盲腸、虫垂、右精索、右卵巣、右卵管	⑥下腹部(恥骨部) 膀胱、子宮、直腸	⑨左下腹部(左鼠径部) S状結腸、左精索、左卵巣、左卵管

判断・対応

● 軽度の腹痛のみでほかの症状は見られない場合

落ち着かせたのちに教室に復帰させる。

- 復帰後に症状に変化があった場合は、再度保健室に来室するように伝える。
- 担任(教科担任)に状況を説明し、経過観察を依頼する。
- 既往歴や慢性疾患の有無は判断の際に重要となるため、保健調査などで把握する。

● 腹痛を訴えているが激痛ではない場合
● 嘔気など軽い随伴症状がある場合

保健室で休養させて経過観察をする。

- 症状が回復すれば教室へ復帰させる。
- 症状が回復しない場合は、保護者へ連絡し、保護者が来校するまでは保健室で経過観察をする。
- 保護者に対しては、症状が悪化するようであれば、早めに医療機関を受診するように助言する。

●腹痛と共に発熱や嘔吐、下痢など、ほかの症状が見られる場合
　保護者へ連絡し、保護者が来校するまでは保健室にて経過観察をする。
　・保護者に対しては医療機関を受診するように助言する。
　・感染症が疑われるときは、ほかの子どもとの接触を避ける配慮も必要である。

●激しい腹痛を訴える場合やショック症状が見られる場合
　救急車を要請する。
　・早期手術が必要となる可能性が高く、飲食物を与えてはいけない。

基本となる対応

○ベッドに寝かせて安静にし、観察を継続する。
○体位は、本人が楽になる体位とする。衣服をゆるめて腹部を楽にする。
　※一般的には、膝屈曲位など膝を曲げる体位が苦痛を軽減させる体位とされている（p.78参照）。
○冷えによる腹痛が疑われる場合は、温罨法（湯たんぽ、使い捨てカイロなど。p.80参照）を行うとよい。
　ただし、虫垂炎など急性の炎症が疑われる場合は温罨法が症状を悪化させるため、実施しない。
○嘔吐物は、量、色、臭い、血液混入、胆汁混入などの状況を調べて保護者へ伝え、医療機関を受診の際に医師へ伝えるように助言する。嘔吐物の処理については、p.129参照。
○下痢による脱水症状が見られるときは、水分を与える。ごく薄い食塩水（コップ1杯の水に小さじ半杯の食塩を溶かす）や経口補水液も効果的である。

保健指導

＊腹痛が続く場合は、医療機関を受診するように指導助言する。
＊医療機関の受診により器質的な原因が否定された場合は、多くは生活習慣に焦点を当てた指導助言を行う。
　〈指導助言の視点〉
　・食事（食事の内容・時間、便秘の予防など）
　・服装（冷やさないための服装の工夫など）
　・月経（月経痛への対処法など）
　・感染症の予防（手洗い、うがいなど）
　・食中毒の予防（食品の保存法など）

けいれん性疾患

1 けいれんとは
けいれんとは、発作的に生じる骨格筋の不随性の収縮を指すもので、全身のけいれんから体の一部の小収縮まで様々なものが含まれる。

2 けいれんを起こす主な疾患
熱性けいれん、髄膜炎、頭部外傷、頭蓋内出血、過換気症候群、熱中症、てんかん、低血糖など

一般的には無熱時の全身のけいれんに意識障害を伴う場合は、てんかんの可能性が高い。学校で遭遇する全身けいれんは、てんかんであることが多いため、この項ではてんかんを中心に述べる。

観察

観察事項
☐意識の有無　☐体温　☐脈拍　☐呼吸　☐顔色・表情　☐けいれんの持続時間　☐けいれんの始まり方と広がり方、左右差　☐チアノーゼの有無
☐失禁の有無　☐打撲による外傷の有無　☐嘔吐の有無　☐眼球の偏位

注意すべきこと
◎発作の起こり方、意識障害の有無、持続時間、発作後の状況を十分に観察することが、適切な判断・対応につながる。けいれん時の状況を本人は把握できない場合もあるため、周囲の人から状況を聞く。保健調査や既往歴、服薬の情報を把握しておく。
◎一旦けいれんがおさまっても、再度生じることもあるので、観察を継続する。

判断・対応

●<u>既往歴を把握しており、けいれんの原因が特定できる場合</u>
　保健室で原因疾患に対する対応をする。保護者へ連絡し、保護者が来校するまでは、経過観察をする。

●初発のけいれんで、原因が特定できない場合
救急車を要請する。

意すべきこと
◎事前に保護者と発作時の対応について話し合い、確認しておく。
◎発作が10分以上続く場合は緊急と判断し、救急車を要請する。

基本となる対応

○安全な場所に寝かせる(けが防止のために、周囲の危険物を遠ざける)。
○衣服を緩め、呼吸が楽にできるようにする。
○気道の確保と嘔吐物の誤嚥を防止するために、顔と体を横に向ける体位をとる(P.79参照)。
○発熱が見られる場合は、冷罨法を実施する。

意すべきこと
◎舌をかまないように、口の中にスプーンや布を巻き付けた棒などを入れると、嘔吐や気道閉塞の危険性が高くなるため、してはいけない。けいれん時は舌をかみ切ることはない。
◎けいれんが生じている間は体が硬直しているため、体位を変えることは困難である。けいれんがおさまってから安全な体位(回復体位など)を取らせ、救急車の到着を待つ。
◎全身性のけいれんが起きたときには、目立つので人が集まりやすい。周囲の者を遠ざけるなど、ほかの子どもへの対応が大切である。てんかんに対する偏見があることも考えられるため、不用意に「てんかん」という言葉を使わない。特に家庭へ連絡する際は注意する。

保健指導

*けいれんは、その原因疾患によって保健指導は異なる。どのようなケースでも家庭・医療機関と連携し、予防につとめる。例えばてんかんの場合は、きちんと服薬を続けること、規則正しい生活習慣を心がけ、疲れやストレスをためないことが大切となる。

てんかん以外のけいれんを起こす主な疾患

★**糖尿病の低血糖発作**：糖尿病でインシュリン治療をしている場合は、運動量（活動）、食事の量、体調により、低血糖発作を起こすことがある。

低血糖の症状は「空腹感、いらいら、手のふるえ（軽度）」「黙り込む、冷や汗、顔面蒼白（中等度）」「意識障害やけいれん（重度）」である。意識がある場合には、すぐに砂糖や糖を含む飲料を補給し、安静にする。落ち着いたら保健室で補食を行い、保護者へ連絡する。重度の場合は救急車を要請する。

★**過換気症候群**：過換気症候群とは、ストレスや感情の高ぶり、過度の運動などで呼吸が速くなり、血液中の二酸化炭素量が減り、血液がアルカリ性に傾いて、様々な症状が現れた状態である。息苦しさを感じ、恐怖感を持つので、気持ちを落ち着かせる対応が大切である。腹式呼吸やゆっくりした呼吸を促し、呼吸を整えさせる。

＜参考＞学校におけるてんかん発作時の坐薬挿入について

平成28年2月29日付け文部科学省初等中等教育局健康教育・食育課事務連絡などから、「学校現場等で児童生徒がてんかんによるひきつけを起こし、生命が危険な状態等である場合に、現場に居合わせた教職員が、坐薬を自ら挿入できない本人に代わって挿入する場合が想定されるが、当該行為は緊急やむを得ない措置として行われるものであり、次の4つの条件を満たす場合には、医師法違反とはならない」と考えられる。

「①当該児童生徒及びその保護者が、事前に医師から、次の点に関して書面で指示を受けていること。
 ・学校においてやむを得ず坐薬を使用する必要性が認められる児童生徒であること
 ・坐薬の使用の際の留意事項
②当該児童生徒及びその保護者が、学校に対して、やむを得ない場合には当該児童生徒に坐薬を使用することについて、具体的に依頼（医師から受けた坐薬の挿入の際の留意事項に関する書面を渡して説明しておくこと等を含む。）していること。
③当該児童生徒を担当する教職員が、次の点に留意して坐薬を使用すること。
 ・当該児童生徒がやむを得ず坐薬を使用することが認められる児童生徒本人であることを改めて確認すること
 ・坐薬の挿入の際の留意事項に関する書面の記載事項を遵守すること
 ・衛生上の観点から、手袋を装着した上で坐薬を挿入すること
④当該児童生徒の保護者又は教職員は、坐薬を使用した後、当該児童生徒を必ず医療機関での受診をさせること。

なお、一連の行為の実施に当たっては、てんかんという疾病の特性上、学校現場において児童生徒のプライバシーの保護に十分配慮」すること。

脳貧血

1 脳貧血とは
脳貧血は特定の病名ではなく、一時的な脳血流低下により、めまい、ふらつき、失神などに至る状態の名称で、起立性低血圧などが該当する。

観察

観察事項
□体温　□脈拍　□呼吸　□表情　□顔面蒼白の有無　□冷や汗の有無
□チアノーゼの有無　□外傷の有無（転倒した場合は外傷が見られないかを確認する）

判断・対応

- 症状が改善したと判断した場合は、教室に復帰させる。その際は本人に、無理はしないように伝えるとともに、担任に状況を説明し、経過観察を依頼する。
- 症状が回復しないと判断した場合は、保護者へ連絡し、医療機関への受診を助言する。保護者が来校するまでは保健室で経過観察をする。
- ふらつき・転倒による外傷が見られた場合は、脳貧血の対応とともに、外傷への対応（p.61参照）も行う。

意すべきこと
◎脳貧血を繰り返す場合は、何らかの疾患による可能性があるので、医療機関への受診を助言する。

基本となる対応

○衣服をゆるめて楽にさせる（襟元やベルトなど）。
○足を高くして脳の血流量を増やす姿勢をとる（p.79参照）。
　※転倒して頭部に外傷がある場合は、水平位に寝かせる。

○汗が出ている場合は、拭き取る。
○体が冷えている場合は、毛布などで保温する。

保健指導

＊脳貧血は、睡眠不足や疲労、食事抜きや体調不良が原因となることが多いので、日常の体調管理について指導する。
＊脳貧血を起こしやすい傾向の子どもには、長時間の起立や、突然起き上がったときに脳貧血が起こりやすいことを理解させ、ふらつきや冷や汗などの前駆症状が見られたときは、しゃがむなどをして予防するように指導する。

メモ　貧血

　貧血は、血液中の赤血球数や血色素量が少なくなった状態である。無理なダイエットや偏食等も原因のひとつであり、徐々に貧血が進行すると、症状が現れにくく、血液検査によって初めて判明することもある。

起立性調節障害（OD）Orthostatic　Dysregulation

　小児期に見られる自律神経の失調による疾患で、起立（通常10分間ぐらい）という負荷に対する循環器系の反応・調節が不十分であるために、種々の症状を認めるものであり、多くは10歳前後から高校生ぐらいまで見られる。
　症状は、食欲不振、立ちくらみ、頭痛、立っていると気分が悪くなる、全身倦怠感などである。
　その発症や経過には、遺伝的素因、自律神経機能、生活習慣、心理的社会的ストレスが影響していると言われているが、成長とともに症状が消失することが多い。

熱中症

1 熱中症とは

熱中症とは、暑さや湿度の高い環境の中で起こる全身の障害である。症状により熱けいれん・熱疲労・熱射病の3つに分けられる（熱失神を加えて4つに分けることもある）。

熱射病を（狭義の）熱中症と呼ぶこともある。

2 主な症状

熱射病（重症）	熱疲労	熱けいれん
意識障害、けいれん、手足の運動障害、高体温	頭痛、気分の不快、吐き気・嘔吐、倦怠感・虚脱感	筋肉痛、筋肉の硬直
体温調節機能が破綻した状態で、異常な高体温と意識障害が特徴である。発汗の停止によって皮膚は乾燥し、焼けるように熱く、血液凝固障害、脳・肝・腎・心・肺などの全身の多臓器障害に至ると、死亡率が高い。	大量の発汗による脱水症状で、汗の蒸発による熱放散が不足し、体温が上昇し、全身倦怠感、脱力感、めまい、吐き気・嘔吐、頭痛などの症状が起こる。体温の上昇は必ずしも顕著ではない。	大量の発汗があったときに、塩分を含まない水のみを補給した場合に血液の塩分濃度が低下して起こるもので、筋の興奮性が亢進して、四肢や腹筋のけいれんと筋肉痛が起こる。

観察

観察事項
□体温　□脈拍　□呼吸　□顔色・表情　□意識の有無　□発生の状況（いつ・どこで・何をして、環境状況、水分摂取の状態）　□発汗状態　□けいれんの有無　□頭痛　□吐き気　□倦怠感　□めまい

注意すべきこと

◎意識障害は、周囲の状況がわからなくなる状態から昏睡まで、程度は様々である。熱中症は特に意識の状態に注意する。

判断・対応

●筋肉のけいれんや痛みがある場合（熱けいれん）
　水分（0.9%食塩水、あるいはスポーツドリンクなど）を補給しながら四肢を軽くマッサージする。

●めまい、頭痛、吐き気などがあるが発汗が見られる場合（熱疲労）
　活動を中止させ、水分（0.2%食塩水、あるいはスポーツドリンクなど）を補給する。保護者へ連絡し、来校までは保健室にて様子を観察する。足を高くして寝かせ、汗を拭きとり、乾いた衣服に着替えさせる。

●意識障害や全身のけいれん、高体温が見られる場合（熱射病）
　救急車を要請し、医療機関に搬送する。
　一刻も早く体を冷やし、救急車の到着を待つ。

基本となる対応

意識がはっきりしている場合
・涼しいところで衣服を緩め、嘔気や嘔吐がなければ、水分・塩分を補給し安静にする。
・本人が希望すれば冷罨法を実施する。
・体位は本人が楽な姿勢で良いが、顔面蒼白などの脳貧血症状が見られる場合は足を高くして休養させると良い。

意識がはっきりしない場合（救急車が来るまでの対応）
・涼しいところに移送する。
・頸部、脇の下、足の付け根などの太い血管の通るところを氷のうや保冷剤で冷やす。
・皮膚の温度が高ければ、衣類を脱がせ、霧吹きで体全体に水をかけて、うちわや扇風機であおぐ。
・心肺停止状態であれば、ＡＥＤ、心肺蘇生を実施する。

注意すべきこと

◎熱中症が疑われる場合は、運動を中止し、保護者に経過を説明して、できるだけ病院を受診させるように助言する。
◎水分を補給しても回復が見られない場合や、嘔気・嘔吐などで水分が補給できない場合は、救急車を要請して病院へ搬送する。
◎熱中症が発生した際は的確な対応が求められるので、日頃から緊急体制を確立しておく。
◎熱中症対策について他の教職員と情報を共用し、教職員を対象とした応急手当の校内研修会を実施する。

保健指導

熱中症の予防

＊日頃から体調を整えることを指導する（食事抜き・食欲不振、睡眠不足は熱中症をまねく要因となる）。
＊できるだけ薄着にし、直射日光は帽子などで避けることを指導する。
＊運動はなるべく涼しい時間帯に行うことや、長時間にわたる場合にはこまめに休憩をとることを指導する（体育的行事・部活動などにおいては休憩・飲水の時間を取り入れた活動計画が必要であることを指導する）。
＊こまめに水分補給をする（大量発汗時は、水分だけでなく塩分も補給する）。
　※0.2％食塩水（1Lの水に2gの食塩）、またはスポーツ飲料、経口補水液など。
＊体が暑さに順応できるように、暑さに体を徐々に慣らすことを指導する。
＊体育館などの室内であっても注意が必要であり、換気や通風をよくすることを指導する。

第4章

外科的な救急処置

擦り傷・切り傷・刺し傷

1　擦り傷・切り傷・刺し傷とは

　擦り傷は、外的摩擦により表層が面で損傷を受けた傷である。切り傷は、刃物・ガラス片などが体表面を移動することにより表皮および皮下組織が線状に損傷を受けた傷である。刺し傷は、釘・針などの鋭利なものが表皮および皮下に刺さってできた点状の傷である。

皮膚の状態

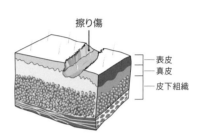

擦り傷
原因：ザラザラしたものが皮膚をこする。
　（例）転んですりむいた傷など
皮膚の症状：軽い場合は、表皮や真皮の途中までがこすり取られ、皮下組織は無傷。点状の出血が特徴。

切り傷
原因：鋭く切れるものが皮膚を切る。
　（例）ナイフやガラスの破片で切った傷など
皮膚の症状：傷の面が平滑で、出血が多い。

刺し傷
原因：鋭利なものが表皮及び皮下に刺さる。
　（例）釘・針が刺さる。
皮膚の症状：表皮及び皮下に点状に傷ができる。

観　察

観察事項
□顔色・表情　　□発生の状況（時期、原因）　　□痛みの部位と程度　　□傷の状態（出血の有無、広さや深さなど）　　□傷口の汚れ

意すべきこと

◎転倒などでは、ほかの部位の損傷も予測されるので、全身を注意して観察する。

判断・対応

- 範囲が狭く、汚染の少ない擦り傷や浅い切り傷の場合
  水道水で傷口を洗う。ガーゼなどで傷を保護する。

- 広範囲の汚染が見られる擦り傷や真皮までの深さに達している擦り傷の場合
  水道水で傷口を洗い、ガーゼなどで傷を保護したのち医療機関を受診させる。

- 切り傷で傷が深く、血管を傷つけ、出血を起こしている場合
  止血法を行い、速やかに医療機関を受診させる。大量出血による意識障害が疑われる場合は、救急車を要請する。

- 刺し傷の場合
  刺さった物は無理には抜かず（深く刺さっている場合は、抜くことで血管を傷つけ出血を招くことがある）、ガーゼで保護して医療機関を受診させる。

注意すべきこと

◎頭部や顔面の損傷は、傷跡が目立ちやすいので、保護者に対しては、医療機関の受診を助言する。

保健指導

*けがをしないための安全指導をする。
*子どもの発達段階を考慮しながら、「傷口を水道水で洗い清潔にすること」、「きれいな布で傷を保護すること」など、自分でできる手当の方法を指導する。
*運動場などでできた傷は、砂や泥の混入があり感染しやすいため、よく洗浄するとともに、感染徴候（痛み、腫れ、熱感、発赤）についても指導する。

※けがの要因やけがをした場所を記録・集計することで、事故の予防や施設の改善などに役立たせることができる。

捻挫・骨折・打撲・突き指・脱臼

1　どのような状態か

捻挫とは

　捻挫とは、関節に力が加わったことによる腱や靭帯、軟骨の損傷で、骨折、脱臼を除いたものである。

骨折とは

　骨折とは、外力により骨が壊れることである。骨折には、強い外部の力が加わったことで生じる「骨折」の他に、同じ場所に弱い力が繰り返し長時間加わることで生じる「疲労骨折」、骨全体が弱っていたり、骨の一部が溶けていたりして生じる「病的骨折」がある。

＜骨折の分類＞

① 開放性骨折	創を通じて骨折部と外界が交通しているもの。
② 粉砕骨折	骨折部が複雑に粉砕したもの。
③ 裂離骨折（剥離骨折）	骨に付いている筋肉・腱が強く収縮し、骨が一緒にはがれたもの。
④ 非開放性骨折（皮下骨折）	体の中で骨折していて、皮膚の損傷はないもの。

打撲とは

　鈍性の外力によって生じた傷で、皮膚や筋肉などに損傷が見られるが、靭帯や骨には変化がないものを言う。打撲は顔面・頭部・四肢だけではなく全身のあらゆる部位に起こる。胸腹部の打撲では内臓の損傷を伴うこともある（頭部打撲についてはp.61参照）。

　打撲は軽視されがちであるが、四肢の打撲でも、激しい腫れが生じて神経や血管への圧迫が持続し、適切な処置が施されないと、機能障害が現れ、後遺症を残すこともある。

突き指とは

　突き指は指関節の捻挫が大部分であるが、打撲程度のもの、骨折を合併したものも含まれる。

脱臼とは
　脱臼とは、関節頭及び関節窩の関節面が、正常な運動範囲を越えて接触を失った状態を言う。

＜外傷性脱臼が起こりやすい関節＞
肩関節（逆手をとられたときなど）　　肘関節（手の引っ張り、ねじったときなど）
指関節（強い突き指など）　　　　　　顎関節（大きく口を開けたときなど）

2　捻挫・骨折・打撲・突き指・脱臼に共通した主な症状（受傷した部位や程度により症状が異なる）

　患部の強い痛み、歩けない・動かせないなどの運動障害、腫れ、皮下出血、変形、関節可動域の制限などが見られる。骨折や脱臼などではショック症状が見られることがある（p.120 参照）。
　◎一般的には骨折や脱臼では打撲や捻挫に比べて痛みが強い。
　◎介達痛※、変形が見られる場合には骨折、脱臼が疑われる。
　◎関節の変形や患肢の短縮の場合は骨折、脱臼が疑われる。
　　※痛みを訴える部位から少し離れた骨部を軽くたたき、患部に痛みがあるかどうかを調べる。患部に痛みを訴える場合には骨折が疑われる。この痛みを介達痛と言う。

観　察

観察事項
□顔色・表情　　□痛みの部位　　□腫れの有無　　□変形の有無　　□皮膚色（皮下出血の有無）　　□関節の動きの様子　　□圧痛の有無　　□熱感の有無
□介達痛の有無

注意すべきこと

◎外傷時は捻挫、骨折、打撲などを想定して観察を行う。発生状況については、本人がわからないこともあるため、受傷時にそばにいた人に聞くことが必要となる。
◎受傷部位が四肢の場合は、健常側（けがをしていない側）と比較する。
◎痛みの程度や表現には個人差があることを念頭におく。
◎受傷直後は軽度に見えても、時間の経過とともに腫れや内出血などが悪化する場合があることを念頭におき、経過観察する必要がある。
◎開放性骨折の場合は、感染の危険性を念頭におく。

判断・対応

●腫れが少なく患部を動かせる場合
　RICE処置（p.82参照）をしながら、様子を観察する。多くの場合は教室復帰が可能である。教室へ復帰させる場合は、無理をせず、痛みや腫れが悪化するようであれば再度来室するように伝えるとともに、担任（教科担任）に状況を説明して経過観察を依頼する。

●痛みが続く、腫れが強い、関節の変形がある、動かせない、歩けない場合
　RICE処置と固定をし、安静を保ちながら速やかに医療機関を受診させる。

●関節の変形や開放創がある場合
　救急車により搬送する。可能な範囲で、RICE処置、固定をする。開放創がある場合はガーゼなどで傷を保護する。

●首や腰、背中などの外傷の場合
　神経に損傷を与えることを防ぐため無理に動かさず、救急車を要請する。

基本となる対応

○ RICE処置を行う。
○ 強い痛みと不安で、気分不良を起こす場合もある。処置台に寝かせ、言葉をかけて安心させながら対応をする。

保健指導

＊子どもの発達段階を考慮しながら、RICE処置の方法を指導する。さらに、けがの原因や予防を自ら考える機会とする。
＊医療機関を受診した場合は、運動再開時期や生活全般にかかわることについて医師の指示に従うように指導する。

熱傷

1 熱傷とは
熱傷とは、熱による皮膚損傷のことである。

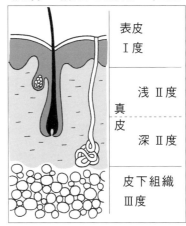

皮膚の構造と熱傷の程度

2 主な症状

程度	深さ	外見	症状
Ⅰ度熱傷	表皮	皮膚が赤くなる。	痛みやヒリヒリする感覚がある。
Ⅱ度熱傷	真皮層まで（浅層・深層）	皮膚は腫れぼったく赤くなり、水疱（水ぶくれ）になるところもある。	強い痛みと、焼けるような感覚がある。
Ⅲ度熱傷	皮下組織まで	皮膚は乾いてかたく、弾力性がなく、蒼白になり、場所によってはこげている。	傷みの感覚や皮膚の感覚がわからなくなる。

※体表面積20～30％以上の広い範囲の熱傷は重症であり、高度医療機関での治療を急ぐ必要がある。

※気道熱傷（熱やガスを吸入した場合）では、気道が腫れて、窒息の危険性があり、緊急対応が必要である。

※学校で見られる熱傷はⅠ度とⅡ度が多い。

観察

観察事項
□顔色・表情　　□発生の状況（時期、場所、原因）　　□熱傷の部位　　□熱傷部位の程度（深さ・広さ、紅斑・発赤、水疱、びらん）　　□痛み、皮膚の感覚

注意すべきこと

◎熱傷の面積、熱傷の深さ、原因（熱・薬品）などをよく観察する。

＜熱傷の程度＞

熱傷の程度は、熱傷の面積・深さ、部位、原因（熱・薬品）によって決まる。一般的には、熱傷が深いほど、面積が広いほど重症になる。乳児や高齢者が熱傷した場合や気道を熱傷した場合は重症度が高くなる。

熱傷の面積は、熱傷の程度を知る手がかりとなる。面積の算定法には、「手掌法」、「9の法則」などがある。

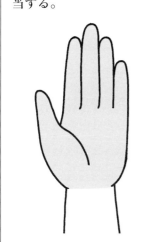

手掌法（しゅしょうほう）

受傷者の手のひらの面積が、体表面積の1％に相当する。

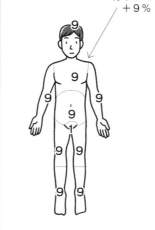

広範囲の熱傷面積算定

9の法則（成人の場合）

背中9％
＋9％

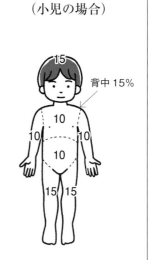

ブロッカーの法則
（小児の場合）

背中15％

判断・対応

●指1本程度のⅠ度熱傷の場合

教室へ復帰させる。復帰後に痛みが悪化するような場合は、再度来室するように伝える。また、担任（教科担任）には状況を説明し、経過観察を依頼する。

●手のひら程度のⅠ度の熱傷・指1本程度のⅡ度の熱傷の場合

医療機関を受診させる。

●Ⅲ度の熱傷の場合
　救急車を要請する。

●化学薬品による熱傷の場合
　なるべく早く流水で洗い流す。化学薬品が飛び散っている場合は、ほかにも付着しているところがないかを確認するとともに、薬品名を教科担任などに確認した上で、医療機関を受診させる。
　化学薬品が衣服や靴などに付着した場合は、速やかにぬがせる（ぬがせる際には、薬品が皮膚に直接接触しないように注意する）。

意すべきこと
◎熱傷の部位が顔の場合は、程度にかかわらず、医療機関を受診させる。

基本となる対応

① すぐに冷やす。
- 冷却は水道水などの清潔な水で行う。または濡れたタオルや氷水を入れたビニール袋などで冷やす。
- 衣服着用時に熱傷した場合は、無理に衣服を取ろうとすると、皮膚を傷つけてしまうことがあるため、衣服の上から流水をかける。

② ガーゼなどで熱傷部位を保護する。
- 感染防止と痛み（空気に触れるとヒリヒリする）を軽減するため、受傷部位をガーゼなどで保護する。
- 水疱ができた場合は、無理に破らない（水疱には傷を保護する働きがある）。
- 感染を起こしたり、医師の診察の妨げになることがあることから、熱傷部位には軟膏、消毒薬などを塗らない。

意すべきこと
◎熱傷は、観察と同時に、できるだけ早く冷却を開始する。

保健指導

＊子どもの発達段階を考慮しながら、「熱傷部位をすぐに水道水で冷やす」など、自分でできる手当の方法を指導する。
＊細菌感染予防のために、水疱はできてもつぶさないことを指導する。
＊熱傷の原因や予防方法を考えさせる機会とする。
＊学校での熱傷は、家庭科の実習や理科の実習などで起きやすいので、教科担任へ予防のための指導について協力を依頼する。

頭部外傷

1 頭部外傷とは
　頭部外傷とは、頭部に外力が作用したために生じるあらゆる損傷を言い、皮膚、皮下組織、頭蓋骨、髄膜（硬膜、クモ膜、軟膜）、脳など、その部位により軽度のものから重度のものまで幅広い。

頭の構造：皮膚、皮下組織、頭蓋骨、硬膜、クモ膜、軟膜（髄膜）、大脳、小脳

2 主な原因
（1）すべったり、つまずいたりなどして転倒する。
（2）階段から落ちる。ジャングルジムなどから転落する。
（3）人とぶつかる。ボールが当たる。
（4）交通事故で頭をぶつける。など

3 内部の異常が疑われる症状
　頭部外傷の程度によって症状は異なる。意識障害、頭痛、吐き気、嘔吐、けいれん、手足の麻痺、耳や鼻からの液体漏出や出血などである。

観察

観察事項
□意識の有無　　□顔色・表情　　□発生の状況（時期、場所、原因）　　□けいれん　　□頭痛・めまいの有無　　□吐き気・嘔吐の有無　　□言語障害　　□頭皮の傷の有無　　□出血の有無　　□ほかの部位の外傷の有無　　□手足の麻痺、ふらつき

注意すべきこと

◎頭部外傷は、発生状況とともに、症状の変化を慎重に観察することが重要である。
◎本人は状況がわからないこともあるため、受傷時にそばにいた人に状況を聞く。
◎頭部外傷は、軽度のように見えても、24時間程度は時間の経過とともに症状が増悪することもあるため、子どもを一人にせず、必ず監視下で観察を継続する。
◎頭部以外の部位（上肢・下肢・腹・胸など）の外傷を見落とさないようにする。

判断・対応

●傷がある場合
　医療機関を受診させる。
　○頭皮の傷は小さくても出血が多いので、圧迫止血とともに子どもに不安を与えない言葉がけが大切である。
　○傷が頭蓋骨に達する場合には、ただちに救急車を要請する。

●傷はないが、頭を打ったと思われる場合
　意識がある場合や、一時的に意識を失うが特別の症状は示さない場合がある。いずれの場合も必ず医療機関を受診させる。
　意識がはっきりしていても、立たせたり歩かせたりせずに、水平に寝かせる。

●いったんは意識がはっきりしたが、再び意識が不明瞭となってきた場合
　緊急と判断し、救急車を要請する。

●意識障害やけいれん、頭痛、吐き気などが見られる場合、耳や鼻から透明な液体や血液が出ている場合
　緊急と判断し、救急車を要請する。

注意すべきこと

◎受傷時の状況を思い出せない場合、頭を打つ前のこと（例えば朝食に何を食べたかなど）も覚えていない場合は、意識障害があると判断する。

基本となる対応

●傷がある場合
- 直接圧迫止血（p.84）をしたのち、ガーゼなどで傷を保護する。
- 出血があっても頭部は高くせず、体位は水平に保つ。
- 傷が頭蓋骨から脳にまで達している恐れがあるときは、ただちに救急車を要請する。

●頭を打ったと思われる場合
- できるだけ安静にさせる（頭部をなるべく動かさない）。
- 嘔吐を伴うときは、窒息しないように静かに顔を横に向け、気道を確保する。

注意すべきこと

◎頭部外傷は、必ず保護者へ連絡する。その際には状況の経時的説明に加え、引き続き経過観察をしながら医療機関への受診を助言する。
◎緊急時の対応については、年度当初に教職員と確認をしておく。

保健指導

＊けがの原因を考えさせ、予防方法について指導する。

目のけが

　目のけがは、目に何かが刺さったり、ボールなどが目に当たって起こるものなどがある。その主なものについて示す。

1　網膜剥離
　網膜が、脈絡膜側から剥がれてしまう状態。網膜が剥がれてしまうと、その部分では物をはっきりと見ることができない。網膜剥離は様々な原因で生じるが、中でも外傷によるものが多く、原因は、サッカーやテニスなどの球技、または相撲やボクシングなど慢性的に何回も眼球に外力が加わるスポーツであることが多い。
　見え方の異常（視力障害、複視、視野狭窄、飛蚊症[※1]や光視症[※2]）が特徴的な症状である。
　※1　視野の中に細かいゴミや虫のようなものが浮かんで見える。
　※2　視野の端がピカピカ光る現象。

2　眼窩底骨折
　手のこぶしやボールが当たるとよく見られるけがで、ふきぬけ骨折とも言う。眼窩（眼球が入っているくぼみ）の底の部分の骨が折れると、眼球や眼筋が落ち込み、眼筋が引っかかって目が動かなくなり、物が二重に見えるようになる。

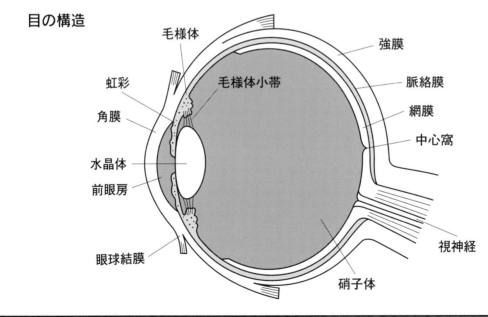

目の構造

観察

観察事項
□顔色・表情　□発生の状況（時期、場所、原因）　□目の痛みの有無　□物が見えにくいかどうか　□ぼやける・かすむ症状の有無　□物が二重に見えるかどうか　□視野が狭くなる、欠損する症状の有無　□目の動き　□眼瞼と周辺の外傷の有無　□腫れの有無　□目やにの有無　□嘔気・嘔吐の有無　□コンタクトレンズ着用・眼鏡着用の有無

注意すべきこと
◎目の周囲のけがは、鼻や顔面、頭部にも注意をして観察する。
◎受傷後数日経過してから、眼球内部や眼底・網膜に障害が出ることがあるため、継続した観察が必要である。
◎目を打ったと思われる場合は、何がどの位の強さや距離で当たったのかを具体的に聞くことが重要である。
◎視力低下が生じても、他眼が正常に見えていると、本人は負傷した目の変化に気づかないことがあるので、見え方や視力を片目ずつ確かめるように注意する。

判断・対応

●目を打ったと思われる場合
　目の動きがおかしい、物が二重に見える、見える範囲が狭くなった、左右で見え方が異なる、見えにくい視野がある、まぶしいなどの症状があれば、保護者へ連絡し、医療機関を受診させる。

●目の異物の場合
　コップなどに水をためて目を開閉させて異物を取る。
　眼球に異物が刺さっている場合は、無理には取り除かずに医療機関を受診させる。

基本となる対応

○目を安静にする。
　けがをした目を覆うだけではなく、両方の目を閉じさせて安静にする。
○冷罨法を行う。

冷水に浸したタオルを眼球を圧迫しないように当てる。冷やしすぎに注意する。

保健指導

＊目の打撲はすぐに症状が現れず、時間がたってから症状が出てくる場合があることを指導する。
＊目の動きがおかしい、物が二重に見える、見える範囲が狭くなった、見えにくい視野がある、まぶしいなどの症状があるときは、医療機関を受診するように指導する。
＊目のけがは、球技などで起こることが多いので、スポーツをするときには注意が必要であることを指導する。

鼻・耳のけが

　鼻・耳のけがは、ボールなどが当たって引き起こされる。その主なものについて示す。

1　鼻出血
　鼻出血の発症には、局所的誘因と全身的誘因がある。局所的誘因としては突然生じる突発性鼻出血、外傷、炎症などがあげられ、全身的誘因は血液疾患（白血病、血友病、紫斑病など）、動脈硬化、高血圧があげられる。学童期に起こる鼻出血は局所的誘因が多く、鼻中隔前方のキーゼルバッハ部位からのものが多い。
　血液が鼻汁に線状に混じるもの、滴状のものがあり、多量であれば血液が咽頭に流れる。

2　鼻骨骨折
　鼻骨は顔の中でもっとも骨折しやすく、学校ではボールなどが当たって受傷する場合が多い。
　腫脹、疼痛、鼻出血、変形（鼻骨の位置が左右にずれる、鼻の付け根が陥没するなど）が見られる。

3　鼓膜損傷
　ボールが耳に当たったり、ぶたれたりすると、鼓膜を傷つけることがある。痛み、音が聞こえにくい、耳のつまった感じなどの症状が見られる。

観察

観察事項
□顔色・表情　　□発生の状況（時期、場所、原因）　　□痛みの部位　　□出血の有無・量　　□鼻の変形・腫脹　　□音の聞こえ方・耳鳴り　　□めまい

意すべきこと

◎外傷があれば、鼻だけではなく、顔面全体を観察する。
◎鼻骨骨折は自分で鏡を見させて変化がないかを確認させる。

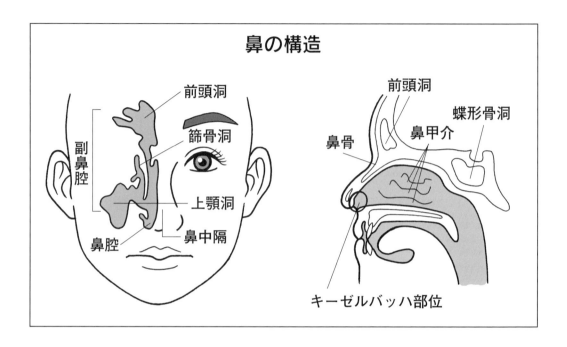

判断・対応

●鼻出血の場合
　鼻出血がおさまれば、教室に復帰させる。長時間鼻出血がおさまらない場合は保護者へ連絡し、医療機関を受診させる。

●鼻をぶつけた場合
　鼻出血のみの場合と、鼻出血と鼻の変形が見られる場合及び鼻の変形のみの場合がある。鼻出血のみの場合は上記の対応とする。鼻の変形が見られる場合は保護者へ連絡して、医療機関を受診させる。

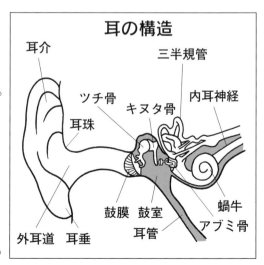

注意すべきこと

◎鼻出血は、一時的に大量に出血したように見えることが多いので、子どもが動揺しないようにする。
◎口に流れ込んだ血液は、飲み込むと気持ちが悪くなるので、吐き出させる。仰向けに寝かせたり、首を後方に曲げたりすると、血液がのどの奥に流れ込みやすくなるので注意する。
◎鼻骨骨折が疑われるときは、手術が必要な場合もあるため、早期に耳鼻咽喉科を受診させる。

基本となる対応

① 椅子に座らせ、頭をやや前方に傾け、安静にさせる。
② 親指と人差し指で鼻の付け根のところを強くつままさせる（口で呼吸させる）。もしくは、両肘を机につけ、両手で鼻の付け根を押さえさせる。
　上記の対応をしても止まらないときは、清潔なガーゼ・綿球などをつめる。そのうえで、再び両手で鼻の付け根を押さえさせる。

●耳をぶつけた場合
　聞こえ方の異常や痛みが見られた場合は、耳を保護し、医療機関を受診させる。

保健指導

＊鼻出血は、鼻ほじり、かぜや鼻炎などの炎症でも生じるため、鼻のかみ方などを指導する。
＊鼻出血が止まったあとでも、刺激をすると再出血しやすいことを指導する。
＊鼻出血は病気が原因となって起きることもあるため、鼻出血を繰り返すときは医療機関への受診を指導助言する。

耳垢栓塞（じこうせんそく）

　健康診断において、耳垢栓塞を診断された場合は、むやみに耳をいじることで鼓膜を損傷することが考えられるので、いじらずに耳鼻咽喉科を受診することが望ましい。

歯・口のけが

1　学校で起こりやすい歯と口のけがの主な症状

〈口〉
　・唇や口の中を切る

〈歯〉
　・歯が抜けた
　・歯がぐらつく
　・歯が欠けた・折れた
　・歯が歯茎に埋まる

〈あご〉
　・顎関節がずれた
　・顎骨が折れた

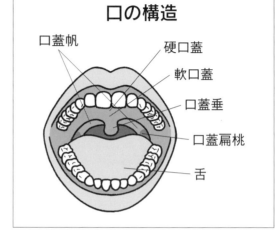

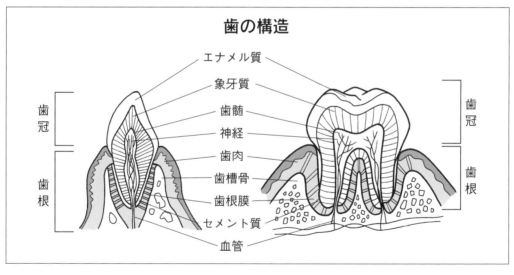

観　察

観察事項
□顔色・表情　　□発生の状況（時期、場所、原因）　　□痛みの部位　　□出血の有無　　□口唇・口腔内の傷の有無　　□歯のぐらつきや破折・陥入など
□顎関節の異常の有無

意すべきこと
◎外傷があれば、口や歯だけではなく、顔面全体の観察をする。
◎外見に異常が見られなくても、歯のぐらつきなど損傷の有無について、自分で鏡を見させて変化がないかを確認させる。

判断・対応

●唇や口の中を切った場合

傷が小さい場合は、対応後に教室復帰させる。大きい傷・深い傷の場合はガーゼを当てて止血し、医療機関を受診させる。

基本となる対応

① 土などが顔面についていれば、顔を流水などで洗う。
② ぶくぶくうがい（口腔含嗽（がんそう））を行い、汚れや血を洗い流す。
③ 傷口に清潔なガーゼを当て、しばらく押さえて止血する。

●歯のけがの場合

歯の脱落やぐらつき、破折が見られない場合は、教室に復帰させる。歯の脱落やぐらつき、破折が見られた場合は、保護者へ連絡し、医療機関を受診させる。

基本となる対応

① うがいをさせる。
② 出血が見られる場合は、ガーゼで押さえて止血する。
③ 抜けた歯が元の位置に入れば入れて、清潔なガーゼをかませる。
④ 元の位置に戻せない場合は、歯を乾燥させないように保存して、速やかに医療機関を受診させる。

意すべきこと

◎歯のけがは、後に外見上の問題を生じることもあるため慎重に対応する。
◎30分以内に元の位置に固定できれば、元通りになる可能性もあるため、速やかに医療機関を受診させる。その際は歯冠部を持ち、歯根膜を傷つけないこと。脱落歯保存液や牛乳等に浸けて乾燥させないことが大切である。
◎歯の治療には、保険診療と自由診療がある。「日本スポーツ振興センターの給付対象は保険診療の範囲である」ことを受診の前に保護者に知らせる。

●顎のけがの場合
・顎を動かさないようにして、医療機関を受診させる。
※顎のけがは口腔外科のある病院への受診が望ましい。

保健指導

＊歯の外傷は、外見的には異常が見られなくても、後になって支障が出ることがあるので、医療機関への受診を保護者に助言する。
＊歯や口のけがはスポーツによって起こることが多く、予防について指導する。

学校現場 Q&A

保護者への連絡

小学6年生の女児が寒気を訴えて来室しました。38℃の熱があり、腹痛と吐き気が見られたので、すぐに早退させて医療機関を受診させた方がよいと判断しました。

担任へ受診の必要性を伝えましたが、担任は授業中であったため、保護者への連絡を頼まれました。保護者へ早退の連絡をする際に注意することはありますか。

保護者への連絡は担任が行うのが原則ですが、状況によっては養護教諭が行うこともあります。保護者へ子どもの状況を説明するとともに、健康保険証など、医療機関受診に関する準備の助言をし、来校してもらいます。感染症が流行している場合は、その情報を伝えることも大切です。引き渡しの際には、医療機関受診の結果を学校に報告するように保護者へ依頼することを忘れてはいけません。

なお、子どもを保護者へ引き渡すときには担任を呼び、同席してもらうことが原則ですが、それができない状況のときは学年主任や管理職に同席してもらうとよいでしょう。

保健室を空けるとき

発熱が見られ、保健室で休養させている子どもがいました。そこに、校庭でけがをした子どもがいると連絡が入りました。少しの時間であれば休養させている子どもを一人にして校庭へ向かってもよいのでしょうか？

保健室で子どもを休養させる場合は目を離してはいけません。子どもの病状は急に変化したり、予期せぬ事態が生じたりすることも考えられるからです。

しかし、上記のように子どもを休養させている間に保健室を空けなければならない状況になることもあります。その際は必ず職員室へ電話連絡し、ほかの先生に応援を頼みましょう。

また、健康診断などで前もって保健室を空けることがわかっている場合は、ほかの先生に保健室の当番をお願いします。日頃から保健主事や校務分掌の保健担当と、養護教諭が保健室を空ける際の当番について決めておくとよいでしょう。

学校現場 Q&A

保健室での対応

　昼休みに、「目にボールが当たった」と子どもが来室しました。手当をしていると、腹痛を訴えてほかの子どもが来室。同時に、転んでひざをすりむいた子どもも来室しました。さらに前からいた子どもが「先生……今日ね……」と話しかけてきました。
　休み時間は同時に複数の子どもが来室します。どのような順番で対応したらよいのでしょうか。

　保健室は、業間休みや昼休みになると複数の子どもが来室します。そして、来室するのは、けがをしている子どもや、具合が悪い子どもだけではなく、話を聞いてほしい子どももいるでしょう。
　養護教諭は、保健室にいる子どもすべてに目を配り、観察をしなければなりません。基本的には来室した順番で対応しますが、子どもが保健室に入ってきた際の観察で、緊急度が高いと判断すればそちらを優先します。その際にはほかの子どもにその旨を説明する配慮も重要です。

医療機関への付き添い

　体育の時間に子どもが倒れ、救急車を要請しました。病院への付き添いをするように言われましたが、その日の午後には健康診断が予定されていました。医療機関引率は養護教諭がしなければならないのでしょうか。

　救急車の同乗や、医療機関への付き添いは担任、部活動顧問、養護教諭などが考えられますが、その状況によって誰が引率するかを決めなければなりません。さらに救急車要請時には保護者への連絡、救急車の誘導、付き添いの準備、ほかの子どもへの対応など、しなければならない事がたくさんあります。そのため、年度当初に救急車要請時の教職員の役割や動き、引率者の優先順位などを確認しておくことが重要です。しかし、緊急時には教職員も動揺し、とっさに行動することができないこともあります。養護教諭には、リーダーシップをとりスムーズに子どもを病院へ移送させることが求められます。

学校現場 Q&A

松葉杖が必要な子ども

部活動中に膝の靱帯を損傷して入院し、手術した子どもがいます。来週退院し、学校へ登校することになりました。しばらくは膝に装具を付け、松葉杖が必要とのことです。養護教諭として何をしたらよいでしょう。

本人や保護者に状況を確認するとともに、保護者を通じて主治医に学校生活での注意点を確認しておく必要があります。さらにその内容を授業担当者、部活動の顧問へ伝えなければなりません。松葉杖などを使用する場合は環境への配慮を行い、子どもが学校生活を安全に送ることができるように支援します。体育や部活動再開時には医師の指示に従う等の指導を行い、けがの再発防止に努めることも大切です。

付き添いの子どもへの対応

小学5年生の女児が、体育の時間にバスケットボールをしていて転び、足首をひねったと友人に付き添われて来室しました。本人に聞いてもどのように転んだのかわからないと言います。ふと後ろを見ると、付き添いの子どもは授業へ戻ってよいのか戸惑っている様子でした。けがの観察をすることに気をとられ、付き添いの子どもに声をかけるのを忘れていました。
　付き添いの子どもへの対応はどのようにすればよいのでしょうか。

けがや体調不良で子どもが保健室へ来室する際には、付き添いの子どもと一緒に来室する場合が少なくありません。その際に養護教諭は、付き添いの子どもへの対応も大切にしなければなりません。
　上記の例では、本人が転んだときの状況がわからないので、付き添いの子どもから情報を得ることができるかもしれません。さらに、担任へ「しばらく保健室で休養させる」などの言づてを頼んだりすることもあります。
　また、状況に応じて、手当をしながら行う保健指導を付き添いの子どもにも聞かせることで、けがの観察の視点や手当の方法などの学習の場にもなります。
　さらに、付き添いの子どもに対して、ねぎらいの言葉をかけることも忘れてはいけません。

学校現場 Q&A

保健室以外で対応するとき

放課後、グラウンドで部活動をしていたサッカー部生徒が、保健室に「友だちが転び、足をひねった。とても痛がっていて、歩くことができない」と養護教諭を呼びにきました。
何を持って現場へ行けばよいのでしょうか。

救急処置の場面は保健室だけではありません。「けがをした」、「倒れた」と呼ばれて現場へ駆けつけることも少なくありません。上記の場合は歩くことができないということから、車椅子や担架で保健室へ移送します。その際、寒気などがあることが予想されるので、タオルやバスタオルを持参するとよいでしょう。また、車椅子や担架は、誰にでも置き場所がわかるように表示をしておくことも大切です。

状況の確認

小学3年生男児が、昼休みにサッカーをしていて転んだと泣きながら来室しました。右膝に擦り傷と腫れが見られ、同じクラスの男児にサッカー中にわざと押されて転んだとのことでした。
このように、救急処置の場面で、加害者がいることが予測される事実を子どもが口にしたら、どうしたらよいのでしょう。

けがが起きた状況を確認することは大切ですが、それは養護教諭ではなく、担任や生徒指導部等の教員が行うのが一般的です。したがって子どもには担任に報告する必要性があることを理解させ、承諾を得たうえで、養護教諭は速やかに事故の可能性があることを担任などに報告する必要があります。また、子どもの発達段階によっては、自分で担任に説明させることも考えられます。
さらに傷の状態、子どもの訴えを詳細に記録しておくことは、事実を確認する際の参考になるため大切です。

第5章

手当の基本

（1）体位

傷病者に適した体位（姿勢）を保つことは、呼吸・循環機能を維持し、苦痛を和らげ、症状の悪化を防いだり、軽減することになる。原則的には傷病者の希望を優先し、苦痛が軽減される体位とする。傷病者が体位を希望できない場合は、できるだけ症状に適した体位をとらせる。

> **体位の条件**
> ① 呼吸が楽であること
> ② 症状を悪化させないこと
> ③ 全身的に苦痛がないこと

体位の種類		適応する症状
仰臥位（ぎょうがい）	背中を下にして寝かせた水平な体位。	・傷病の原因がわからない場合 ・心肺蘇生が必要な場合は、胸骨圧迫の際に体が沈み込まないよう固い床に寝かせる。
腹臥位（ふくがい）	うつぶせで顔を横に向かせた体位。	・嘔吐している場合 ・背中にけがのある場合
膝屈曲位（ひざくっきょくい）	仰臥位で膝を立てた体位。	・腹部の外傷や腹痛を訴えている場合 ・腹部の緊張と痛みを和らげるのに有効
半座位（はんざい）	上半身を軽く起こした状態。	・胸の苦しさや呼吸の苦しさを訴えている場合

座位（ざい） 	座った体位。	・胸の苦しさや呼吸の苦しさを訴えている場合 ・気管支喘息
足側高位（あしがわこうい） 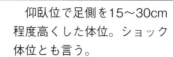	仰臥位で足側を15〜30cm程度高くした体位。ショック体位とも言う。	・出血性ショックや立ちくらみを起こしている場合 ・下肢をけがしている場合 ・顔色蒼白の場合
回復体位（かいふくたいい） 	横向きに寝かせ、上側にある膝を曲げ、上側の腕を前方に出して肘を曲げ、あごを手の甲にのせて気道を確保した体位。	・意識がないが正常に呼吸をしている場合 ・嘔吐している、または、嘔吐が予想される場合

（2）罨法（あんぽう）

罨法とは、身体の一部に寒冷刺激あるいは温熱刺激を与えて、炎症の悪化を防いだり、痛みを和らげたりするために行うものである。

罨法には、温罨法と冷罨法の2種類がある。

【温罨法】

＜温罨法の効果＞

温罨法を行うと、その部位の組織の温度が上昇し血管が拡張することで、血液・リンパ液の循環が促進されて細胞の新陳代謝が盛んになり、微小血液循環（血行）が改善される。筋肉の緊張やこう縮が軽減され、鎮痛・鎮静の効果もある。発熱時でも、悪寒（寒気）の症状を軽減させるため、収縮した血管の拡張を促す温罨法は有効である。また便秘などの腹部膨満に対しては、腸蠕動を促進させる効果もある。

＜温罨法に使用される物品＞

湯たんぽ、使い捨てカイロ、毛布（膝掛け）、ホットパックなど

＜湯たんぽの作り方＞

① 使用前に湯が漏れないことをチェックする。
② ゴム製の湯たんぽの場合、約60℃のお湯を約1/2入れ空気を抜いて栓をする（月経痛などで湯たんぽを腹部に当てて使用する場合は約40℃とする）。体から10cm離して置く。

湯たんぽの使い方

お湯が口もとにくるまで湯たんぽを傾け、空気を抜く。

少しあける。

お湯の量は1/2。

カバーをかける。

注意すべきこと

◎使い捨てカイロは直接肌に貼らず、衣類の上から使用する。
◎腹部などに使用する際は、湯たんぽはカバーやタオルでくるみ、直接皮膚に接触させない。
◎足元に置く場合は、体から離した場所に置く。意識がはっきりしていない場合は、特に注意する。
◎炎症性疾患の疑われるときは、使用しない（虫垂炎など）。

【冷罨法】
＜冷罨法の効果＞
　　冷罨法を行うとその部分の組織の温度が低下し、血管を収縮させ、血液・リンパ液の循環が減少し、細胞の新陳代謝が低下する。これにより細菌の増殖を抑制し、炎症を抑える。また冷やした部分の浸出液の抑制、神経を鈍くさせることによる鎮痛・鎮静作用、浮腫の予防にも効果的である。

＜冷罨法に使用される物品＞
　　ぬれタオル、氷枕、氷のう、瞬間冷却パック、冷却シート、水や氷水をバケツに入れる、など

＜氷枕の作り方＞
① 氷枕の中に氷を 1/2〜2/3 入れ、水を少量入れる。
② 横にして空気を抜き、留め金をする。
③ 外側についている水気を拭きとったあと、タオルで巻く。

意すべきこと
◎凍傷に注意する。
◎留め金で首や顔に傷がつかないように注意する。
◎外傷時に冷罨法を実施するときは、時間を測定する。また、皮膚の色、手足のしびれや動きを観察する（「(3) RICE処置」参照）。

※最近は氷枕ではなく冷却シートを利用することも多い。

（3）RICE 処置

```
Rest・・・安静        Icing・・・冷却
Compression・・圧迫   Elevation・・挙上
```

※頭文字を並べて RICE 処置という。
打撲、捻挫、突き指などの外傷時に実施する。

<RICE 処置の効果>

安静（R）：患部を安静にすることで、受傷部位の動揺を抑え痛みを軽減するとともに、出血や腫脹を軽減させる。
冷却（I）：患部を冷却することで、患部の組織の血管を収縮させ、出血（内出血）や腫れの進行を最小限にとどめることができる。また、痛みを軽減させる。
圧迫（C）：患部を圧迫することで、出血（内出血）や腫れを抑える。
挙上（E）：患部を心臓より高く挙上することで、静脈還流を促して腫れを抑える。

<方法>
(1) Rest（安静）
　安静を保つために、包帯、副子、三角巾などで固定する。

(2) Icing（冷却）
<冷却に用いられる物品と使用方法>
① 氷のう：氷を氷のうに入れ、空気を抜き、封をし、患部に当てる（ビニール袋でも代用できる）。
② 氷水：バケツに氷水を入れ、患部をつける。
③ 瞬間冷却パック：パックを拳で叩くことで冷却される。それを患部に当てる（携帯用に便利である）。

※コールドスプレーは瞬間的に痛みを和らげるため、試合中など継続して運動を続けなければならないときに利用することがある。凍傷の危険性があるため、使用上の注意を守って使用する。

冷やす時間は、15～20分をめやすとする。痛みが強くなったり、皮膚の感覚が低下したら、冷却を中断する。

(3) Compression（圧迫）

　弾性包帯などを患部に巻いて圧迫する。アイシングと一緒に行うと効果的である。学校においての救急処置としては行われることは少ない。

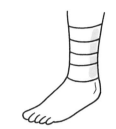

　※過度の圧迫により血行が障害されて、症状を悪化させることがある。弾性包帯により圧迫する場合は指先の部分には包帯を巻かず、指先のしびれや冷感を頻回に確認する。

(4) Elevation（挙上）

　外傷が足の場合はクッションや処置枕を使用して挙上する。

　歩行時は足を下げざるを得ないため、移動後はつとめて足を挙上するように指示をする。

　前腕や手指は、三角巾を使用して挙上する。

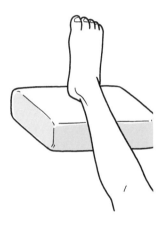

（4）止血法

1．出血の種類
- **動脈性出血**：動脈からの出血で、鮮紅色の血液が脈を打つように、ドクドクと噴き出る。自然に止血することはないため、早急な医療機関への受診が必要となる。
- **静脈性出血**：静脈からの出血は暗紅色の血液が湧き出る。細い静脈からの出血は量も少なく圧迫により止血するが、太い静脈からの出血は量も多く、医療機関への受診が必要となる。
- **毛細血管性出血**：擦り傷などの場合に見られるようにじわじわにじみだすような出血で、量も少ない。

2．止血の方法
① 直接圧迫止血

止血の方法は、直接圧迫止血が中心である。
出血している傷口をガーゼや清潔なタオルで直接強く押さえて、数分間圧迫する方法である。

注意すべきこと
◎対応する者は、感染防止のためにビニール手袋を着用する。
◎ガーゼが血液でぬれてきた場合は、ガーゼを交換するのではなく、その上からさらにガーゼをかぶせて圧迫を続ける。

② 間接圧迫止血
　傷口より心臓に近い動脈（止血点）を手や指で圧迫して血液の流れを止める方法である。直接圧迫止血を行えない場合に行うことがある。

（指での止血）
指の付け根にある血管を両側から圧迫。

（上腕での止血）
上腕中央内側の血管を親指で腕をつかんで圧迫。

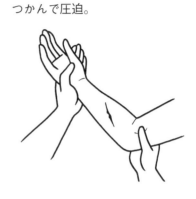

（鎖骨上のくぼみでの止血）
鎖骨上のくぼみにある血管を親指でへその方向に圧迫。
他方の手で頭を受傷側に傾ける。

（鼠径部での止血）
鼠径部の中央にある血管を体重をかけて圧迫。

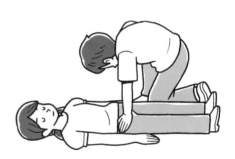

動脈と止血点

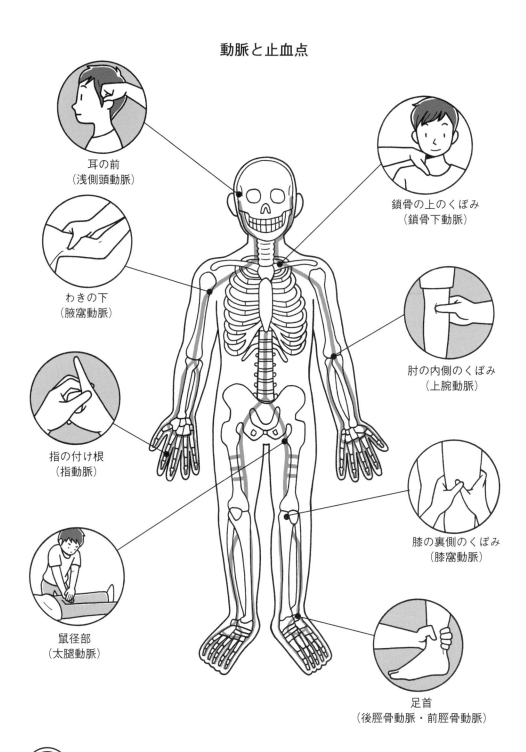

注意すべきこと

◎人間の全血液量は体重1kg当たり約80mLで、その3分の1以上を失うと生命を失うといわれている。大出血に遭遇した場合は救命のための止血をして、救急車を要請する。

(5) 包帯法

創傷、捻挫、骨折などの治療や応急手当の際に、補助手段として患部に包帯材料などを装着することを包帯法という。

包帯の目的は、保護・固定・圧迫・保持である。
　保護：傷口を覆い、患部の細菌感染や外部の刺激から保護する。
　固定：患部を固定して安静を図り、痛みを軽減する。
　圧迫：患部を圧迫して止血したり、腫れを軽減したりする。
　保持：ガーゼや湿布などが動かないように保持する。

包帯の種類は、環軸包帯、伸縮包帯、三角巾、絆創膏が付いたもの、ネット状のものなどがある。

注意すべきこと
◎包帯をする目的や部位により、適切な材料、幅、長さを選ぶ。
◎傷病者の不安を軽減し、協力が得られるように、包帯の必要性や方法を説明する。
◎包帯はズレない程度に平均した圧で巻く。
◎包帯を巻くときは、体の末端から中枢部に向けて巻く。
◎指先などの体の末梢部は、観察できるように、巻かない。
◎末梢部の皮膚色が暗紫色になる、感覚異常、冷感、しびれなどの症状があれば、ただちに包帯を巻き直す。
◎巻き始めや巻き終わりの結び目は、傷口の上を避ける。

包帯の基本となる巻き方

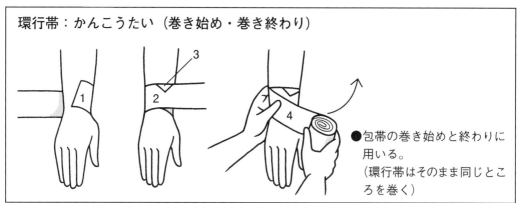

環行帯：かんこうたい（巻き始め・巻き終わり）

- 包帯の巻き始めと終わりに用いる。
（環行帯はそのまま同じところを巻く）

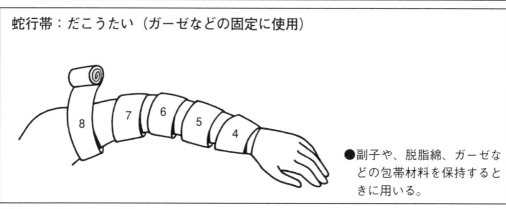

蛇行帯：だこうたい（ガーゼなどの固定に使用）

- 副子や、脱脂綿、ガーゼなどの包帯材料を保持するときに用いる。

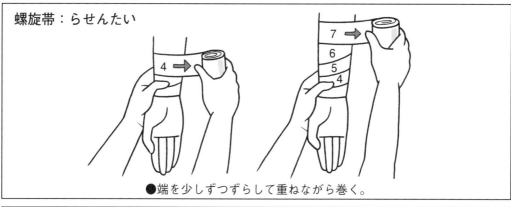

螺旋帯：らせんたい

- 端を少しずつずらして重ねながら巻く。

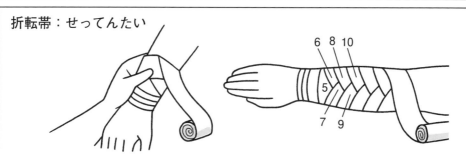

折転帯：せってんたい

- 太さが一定ではない患部を巻くのに用いる。
- 1回巻くごとに折り返し、縁を重ねながら上からさらに巻く。※伸縮包帯では使わない。

麦穂帯：ばくすいたい 足首

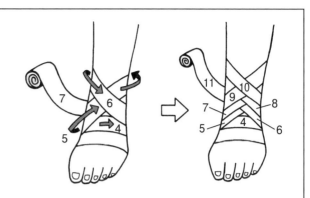

- 肩、足関節などに用いる。
- 中枢に向けて巻く。
- 必ず筒状の場所から巻き始める。
- 8の字を描くように巻く。

麦穂帯：ばくすいたい 手背

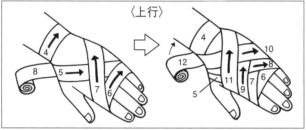

〈上行〉　〈下行〉

- 麦の穂のように必ず見える巻き方。
- 必ず筒状の場所から巻き始める（手首）。
- 8の字を描くように巻く。

反覆帯：はんぷくたい 指先や頭部など

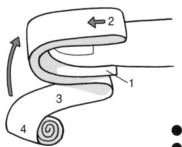
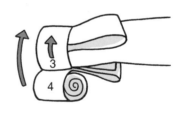

- 環行帯は行わない。
- 患部を覆い、末梢から中枢に向けて巻く。

亀甲帯：きっこうたい 肘

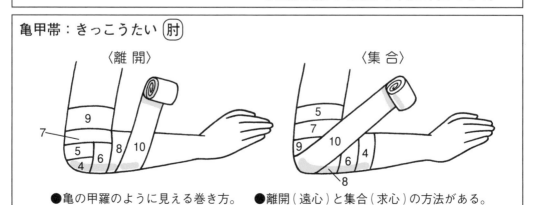

〈離開〉　〈集合〉

- 亀の甲羅のように見える巻き方。
- 離開（遠心）と集合（求心）の方法がある。

(6) 三角巾法

三角巾の特徴

　三角巾は、1辺が110cm位の正方形の布を対角線に沿って2等分した布でできている。

　三角巾は、様々な部位や患部の大きさに対応できる。また、包帯では巻きにくい、頭・肩・乳房・臀部などに使用する。

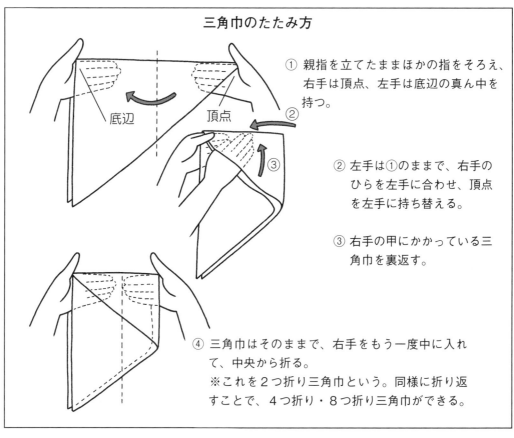

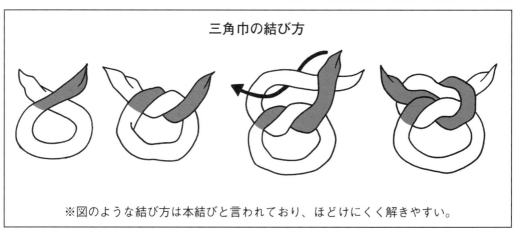

〈上肢の吊り方〉

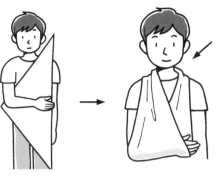

患部の肘の側に頂点がくるように健康な方の肩に三角巾を置いて、首の後ろで縛る。
※肘は本人の楽な姿勢を探す。

結び目のはしを内に入れる。

結び目のはしを内に入れる。

横から見たところ

〈頭部〉

① 底辺を5cmほど折り返す。
② 中央を額に当てて、後頭部で交差させる。
③ 折り返して、端を額の部分で結ぶ（結び目のはしを内に入れる）。
④ 頂点を引っぱって、頭頂部の布を密着させる。
⑤ 頂点をたたんで折り込む。

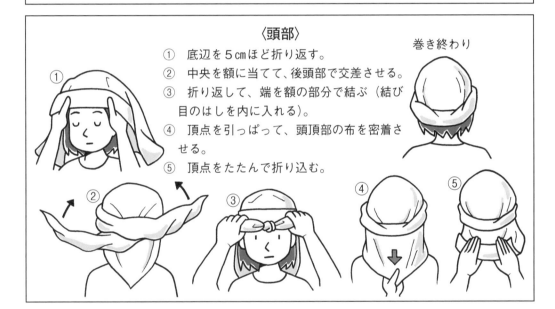

巻き終わり

〈耳・頭頂部〉

① 8つ折り三角巾を使い、中央を避けて患部に当てる。
② 一端は頭頂部を、一端はあごの下を通らせて耳の上で交差させ、反対側で結ぶ（結び目のはしを内に入れる）。

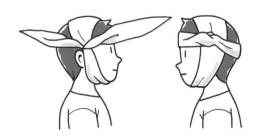

〈膝〉

① 4つ折り三角巾を使用する。
② 患部に三角巾の中央を当てる。
③ 端を膝の後ろに回して交差する。
④ 一方の端で三角巾の下方を回して押さえる。
⑤ 他方の端を三角巾の上方に回して押さえる。
⑥ 膝の上方で結ぶ（結び目のはしを内に入れる）。

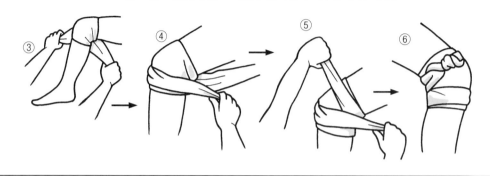

〈足首〉

① 8つ折り三角巾を使う。
② 三角巾の中央を足で踏ませる。
③ 両端を交差させながら、後ろへもっていく。
④ さらに足首の前で交差する。
⑤ 足首の後ろへ行く三角巾にそれぞれ内側から通す。
⑥ 足首を曲げた状態で動かなくなるように引き締めて、
　　足首の前で結ぶ（結び目のはしを内に入れる）。

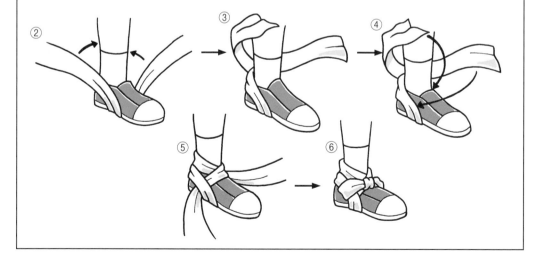

（7）固定法

　骨折が疑われるような場合、患者の苦痛を和らげたり、損傷部の悪化を防ぎながら医療機関に運ぶために、患部の固定を行う。固定には普通、副子を用いるが副子がない場合、身近にあるダンボール・新聞紙・雑誌などで代用することができる。

固定の原則
① 骨折が疑われる部位を中心に2つの関節を固定する。
② 固定の際、患部に近いところから固定し、次いで遠い方へ固定する。
③ 患部に変形が見られる場合、部位を動揺させないように固定する。

副子（シーネ）
　副子は、受傷部位の動揺を防ぎ、患者の苦痛を和らげたり、損傷部の悪化を防いだりするために使用する。受傷部位の上下の関節を固定できる十分な長さ、強さ、幅が必要である。

副子の当て方
① 救助者の一人が受傷部位を動揺させないようにしっかり支える。
② 皮膚との間（特に膝・足首など）には、タオルなどのやわらかい布を入れる。
③ 受傷部位が動かないよう、しっかりと固定する。

下腿部骨折の固定
① 2つの関節を固定するように副子を当てる。
② 固定は、患部に近い所から遠い所へ順に行う。
③ 結び目の処理をする。
④ 負傷者の観察をしながら行う。

前腕骨折の固定
① 2つの関節が固定できるように副子を当てる。
② 三角巾で腕を吊る。
③ 結び目の処理をする。
④ さらに固定する場合は、三角巾を背中にまわして②の部分を体幹に固定する。
⑤ 負傷者の観察をしながら行う。

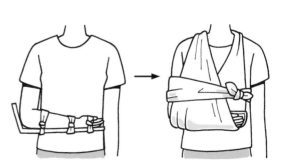

アキレス腱の断裂

① 下向きに寝かせる。
② アキレス腱をゆるめた状態にするため、つま先を伸ばして固定する。

第6章

校内応急手当研修会の開催にあたって

1　学校における危機管理（「学校保健安全法」）

　児童生徒の保健・安全に関わる環境は、大規模な自然災害、社会を揺るがす事件や事故、多様な感染症、増加する食物アレルギー、複雑化する心の健康問題など近年大きく変化している。平成20年1月17日の中央教育審議会答申「子どもの心身の健康を守り、安全・安心を確保するために学校全体としての取組を進めるための方策について」を受けて「学校保健法」が改正され、平成21年4月1日に「学校保健安全法」として施行された。
　「学校保健安全法」第一章（総則）の第1条（目的）には、「この法律は（中略）学校における教育活動が安全な環境において実施され、児童生徒等の安全の確保が図られるよう、学校における安全管理に関し必要な事項を定め（中略）ることを目的とする」、と明示されている。
　第三章（学校安全）には、第26条（学校安全に関する学校の設置者の責務）、第27条（学校安全計画の策定等）、第28条（学校環境の安全の確保）、第29条（危険等発生時対処要領の作成等）、第30条（地域の関係機関等との連携）が規定されている。
　学校には、組織として危機管理体制を構築する法的義務が課せられている。

2　危機管理に果たす養護教諭の役割

　「学校保健安全法」には、学校安全計画として、学校の施設及び設備の安全点検、児童生徒等に対する通学を含めた学校生活その他の日常生活における安全に関する指導、教職員の研修その他学校における安全に関する事項が掲げられ、また「危険等発生時対処要領」として、危険等発生時において学校の教職員がとるべき措置の具体的内容及び手順が提示されている。
　学校における危機管理に果たす養護教諭の役割は、① 救急及び連絡体制の整備、② 応急手当研修の企画と実践、③ 避難訓練での救急処置の実践と習熟、④ 心のケアの体制づくり、である。
　以上の内容を考慮しながら、救急処置（応急手当）にかかわることを中心に述べる。

（1）救急体制の整備

　学校管理下で突発的に起こる傷病は、生命にかかわるような重いものから軽微なものまで多種多様であるが、常にどのような突発的な傷病にも適切な措置ができるように救急体制を整えておくことが重要となる。
　養護教諭は、救急体制の整備を図るにあたって学校長のリーダーシップのもとに、校内応急手当研修会や危機管理マニュアルの整備・見直し等に積極的に参画し、その内容等を把握しておくことが大切である。

救急体制については、「学校安全計画」や「危険等発生時対処要領」に基づき、日頃から教職員、児童生徒、保護者等に周知を図り、理解と協力を得ておくとともに、より実践的な防災訓練、防犯訓練等の実施により、実際の役割分担の下に迅速で適切な行動・対応を取ることができるようにしておかなければならない。

（2）救急処置計画の作成

養護教諭は、年度はじめに年間の救急処置計画を作成し、職員会議において協議の上、決裁を得ておく。

救急処置計画に盛り込む内容は、救急処置に関する連絡方法や教職員の役割分担、記録方法、養護教諭不在時の対応、教職員対象の校内応急手当研修会の実施等である。

事件・事故発生時に「だれが」、「どこに」、「どんな方法で」、「どのような内容で」連絡するか役割分担を決めた校内連絡体制図を作成し、職員室、事務室、保健室に掲示する。児童生徒等傷病者の訴えを聴き、症状を見てどのような手当が必要かについての対応規準を作成し、教職員に共通理解を図る。具体的な事例をもとにした校内応急手当研修会を開催することにより、教職員の理解と協力が得やすくなる。

（3）保健室の整備（養護教諭不在時を含む）

① 校内緊急連絡体制図（p.13 参照）、学校医等地域の関係機関連絡先（p.14 参照）を保健室に掲示しておく。
② 救急用衛生材料、救急鞄（袋）を整備し、養護教諭不在時にも活用できるように保管場所を明示しておく。
③ AED（自動体外式除細動器）や担架の位置を明示して、いつでも利用できるようにしておく。
④ 保護者から提出される緊急連絡カードを整理して保管場所を明示し、いつでも活用できるようにしておく。
⑤ 児童生徒の傷病や事故等の実態を踏まえながら学校医等と相談の上、計画的に設備、備品、衛生材料等を整備しておく。
⑥ 養護教諭不在時でも適切な対応ができるように児童生徒個別の健康状態の関係書類等を整理しておく。
（個人情報となる関係書類の置き場所と扱いについては注意喚起が必要）

3 「校内応急手当研修会」の企画にあたって

学校における救急処置は、医療等の施設設備がなく、医療従事者のいない場での対応となる。養護教諭は、症状の見極めと医療機関等への受診の必要性などについて的確な判断をくだす立場となるので、日頃から様々な機会を活用して救急処置に

関する知識・技術の習得に努め、校内において児童生徒や教職員等に対する指導者としての役割を果たせるよう研鑽を積む。

校内応急手当研修会は、教職員を対象に養護教諭が講師となって実施することを想定している。養護教諭は勤務校における児童生徒個々の心身の健康状態（保健室来室状況や健康診断結果等データの分析結果）や地域性を念頭におき、以下の事項を基準にしながら研修会開催の準備をする。

（1）研修内容を決める際の視点（基本的な応急手当を行う上で必要となる事項）

① 体調不良や負傷に関する対応（養護教諭不在時も含む）

　○体調不良を訴えている場合
- バイタルサイン（体温測定・脈拍測定・呼吸状態）をとりながら観察（顔色、元気の有無等）し、訴えをしっかり聴く。保健室利用カード（内科的）に記録する（p.26、28参照）。
- 判断・対応について具体的な基準を示す。
　（例）救急車を要請する
　　　　保健室で経過観察する
　　　　保護者へ連絡し、医療機関を受診するよう伝える
　　　　→受診する医療機関を保護者が決定できない場合に備えて、あらかじめ学校近辺の医療機関を表示しておく
　　　　（最近多発している事例を取り上げて、ロールプレイを行う）

　○負傷の場合
- 負傷部位の確認と負傷に至った経緯について問診をしながら、顔色、苦痛の程度等体全体の状態を確認することが必要である。保健室利用カード（外科用）に記録する（p.27、29参照）。
- 判断・対応について具体的な基準を示す。
　（例）応急手当を行いながら救急車を要請する
　　　　応急手当を行ったのち、医療機関を受診させる

② 感染症への対応（特に嘔吐物の処理方法に関すること）
③ 必要物品等の保管場所
④ 記録の必要性
⑤ アレルギー（エピペン保持者）への対応
⑥ 養護教諭不在時の連携
⑦ 心の健康問題への対応
⑧ 心肺蘇生、AEDの使用方法（関係機関への依頼）　など

　※各症状における具体的な対応については、第3・4章を参照のこと。

（2）校内応急手当研修会開催に向けて

　1回の研修会により、すべての知識・技術を習得することは困難である。1回1時間程度の開催とし、1回目の研修は内科的・外科的な事柄にも共通する観察方法や問診・対応等基本的な応急手当について実施し、2回目以降は年間行事（運動会、プール、マラソン大会、遠足、修学旅行や学習合宿、林間学校、海浜学校等宿泊を伴うもの）に位置づける。また、インフルエンザ等感染症の発生や流行状況を見据えながら、予防と拡大防止に向けた研修会を実施することも必要である。
　〇校内応急手当研修会実施要項の作成
　　　研修会の開催にあたっては、実施要項を作成し、決裁を得た上で教職員に配布する。実施要項例を示す。

（例）
　　　　　　平成〇〇年度　第〇回　校内応急手当研修会実施要項
研修会名：〇〇に関する研修会
目的（ねらい）：〇〇において発生した負傷等に対し、適切に対応するための基本的な知識と技術を習得する
日　　時：〇月〇日(〇曜日)　午後4時～5時
場　　所：〇〇会議室
対 象 者：教職員
講　　師：養護教諭　〇〇〇〇
内　　容：講義と演習
研修概要：資料による
　　　　　資料及び必要物品等については、養護教諭〇〇〇〇が準備する

4　校内応急手当研修会の実際（例）

（1）運動会行事を活用した研修

　運動会等の行事では応急手当に関する教職員の意識が高まるため、行事前に研修会を開催する。けが等に加え不測の事態に対応するため、救急処置体制と緊急時対応を確認しておく。
　〇研修会に盛り込む内容
　　・運動に際し注意を要する児童生徒の把握
　　　学校生活管理指導表や行事前保健調査に基づいた注意事項を教職員が共通理解しておく。
　　・健康観察
　　　通常の健康観察に加えて観察するポイント（練習に伴うけが、練習による

肉体的・精神的疲れ等）を提示して、運動会の前日から当日、翌日まで観察を強化する。特に、当日の健康観察は重要となる。
- 運動会練習期間における保健室来室状況の提示
  例年、運動会練習が始まると体調不良やけがでの来室が増えることから、各担任へけがの予防や体調の管理について伝えることで保健指導につなげる。
- 当日の救急処置体制・緊急時対応の確認
- 心肺蘇生、AEDの使用方法（演習）
- けがの予防と応急手当（止血・傷は水道水で洗う等初期対応について説明）
  時期によっては熱中症対策（保健指導も含む）を実施する。

（2）食物アレルギーのある児童生徒への対応に関する研修

アレルギー疾患を持つ児童生徒は増加傾向にある。特に食物アレルギーは重大な事故につながることから、食物アレルギーを持つ児童生徒が入学する際には研修会を実施する必要がある。その際には他のアレルギー疾患についても取り上げて理解を深める。

○研修会に盛り込む内容
- アレルギーの発生機序やアレルギー疾患の理解（ＤＶＤ等の活用）
- アレルギー疾患を持つ本校児童生徒に関する情報
  学校生活管理指導表に基づいた注意事項を教職員が共通理解しておく。アレルギーは疾患ごとに配慮事項が異なり、個人差も大きいので、注意事項を丁寧に確認する。研修をきっかけに学校生活管理指導表の提出依頼、保護者や主治医との連携につなぐこともできる。食物アレルギーは学校給食とのかかわりもあり、栄養教諭（栄養職員）と連携して対応を確認するとともに、すべての教職員に周知徹底させることが重要である。
- 緊急時の対応と役割の確認
- エピペン®・内服薬を使用する状態の判断
- エピペン®の保管場所の確認
- エピペン®の使用方法（演習）

（3）プール開き行事を活用した研修

水泳時は教職員の的確な応急手当や安全管理が求められることから、プール開き前を活用して研修会を実施する。年度当初に確認した緊急時の対応や役割について再度確認する機会にもなる。

○研修会に盛り込む内容
- プールに際して注意を要する児童生徒の把握
  学校生活管理指導表や定期健康診断（耳鼻科・眼科疾患、皮膚疾患等）、プール前保健調査の結果に基づいた注意事項を教職員が共通認識しておく。

- 健康観察
    プール入水前、プール時、プール入水後の健康観察のポイント（プールカードの記入）
- 環境衛生基準と健康
    体育科教諭（プール担当者）と連携し、プールの衛生基準（残留塩素・水温・気温・pH等）について周知するとともに、プールの環境整備、プール日誌の記入について周知をはかる。
- プール時の監視体制、緊急時対応の確認（演習）
- 心肺蘇生、AEDの使用方法（演習）
- プール見学者への対応

（4）宿泊を伴う行事を活用した研修

日常と異なる環境で過ごす宿泊行事では、児童生徒は体調を崩すことも多い。登山等、行事内容によって配慮事項が異なるので、研修会を開催して注意点を確認する。

○研修会に盛り込む内容
- 宿泊を伴う行事に際して注意を要する児童生徒の把握
    学校生活管理指導表や事前の保健調査（健康診断）に基づいた注意事項を引率教職員が共通認識しておく。さらにアレルギーへの配慮について確認する（食事・寝具・活動等）。
- 健康観察
    宿泊前、宿泊時、宿泊後の健康観察のポイント（健康観察カードの記入方法等）を示し健康観察を強化する。集団で数日間共同生活をすることで子どもたちは疲れや睡眠不足を生じることが考えられる。朝と夕には健康観察を行い食事・睡眠・排便等の変化に注意する。
- 宿泊時に予測されるけが・病気等への対応
    宿泊行事によってけがや病気は異なる。虫刺されの予防と対応、登山時の注意点、日焼けや熱中症の予防と対応、乗り物酔いへの対応等、宿泊行事それぞれの注意点を周知する。
- 宿泊行事における緊急時対応と役割の確認
    宿泊先での医療機関受診に備えて、保護者との連絡方法、健康保険証の持参、付き添う教職員について確認する。

資　　料

〔独立行政法人日本スポーツ振興センターの災害共済給付について〕

1　概要

　日本スポーツ振興センターの災害共済給付は、学校・保育所等の設置者が保護者などの同意を得て、センターとの間に災害共済給付契約を結び、共済掛金（保護者と設置者が負担する）を支払うこと（災害共済給付制度への加入）によって行われる。
　契約締結期間は、毎年5月1日から5月31日である。期限内に共済掛金が支払われた場合は、その年度の4月1日以降に発生した災害が給付の対象となる。

2　給付の対象となる災害の範囲と給付金額

災害の種類	災害の範囲	給付金額
負傷	その原因である事由が学校の管理下で生じたもので、療養に要する費用の額が5,000円以上のもの	医療費 ・医療保険並の療養に要する費用の額の4/10（そのうち1/10の分は、療養に伴って要する費用として加算される分）。ただし、高額医療費の対象となる場合は、自己負担額（所得区分により限度額が異なる。）に療養に要する費用の額の1/10を加算した額 ・入院時食事療養費の標準負担額がある場合はその額を加算した額
疾病	その原因である事由が学校の管理下で生じたもので、療養に要する費用の額が5,000円以上のもののうち、文部科学省令で定めているもの ・学校給食等による中毒 ・ガス等による中毒 ・熱中症 ・溺水 ・異物の嚥下又は迷入による疾病 ・漆等による皮膚炎 ・外部衝撃等による疾病 ・負傷による疾病	
障害	学校の管理下の負傷及び上欄の疾病が治った後に残った障害（その程度により第1級から第14級に区分される。）	障害見舞金　4,000万円〜88万円（3,770万円〜82万円） 〔通学(園)中の災害の場合 2,000万円〜44万円（1,885万円〜41万円）〕
死亡	学校の管理下において発生した事件に起因する死亡及び上欄の疾病に直接起因する死亡	死亡見舞金　3,000万円（2,800万円） 〔通学(園)中の災害の場合 1,500万円（1,400万円）〕
死亡（突然死）	運動などの行為に起因する突然死	死亡見舞金　3,000万円（2,800万円） 〔通学(園)中の災害の場合 1,500万円（1,400万円）〕
死亡（突然死）	運動などの行為と関連のない突然死	死亡見舞金　1,500万円（1,400万円） 〔通学(園)中の災害の場合も同様〕

※ 給付金額の（ ）内の金額は、平成31年3月31日以前に生じた障害・死亡に係る障害見舞金額・死亡見舞金額

上表のほか、災害共済給付の附帯業務として、次の事業を行っています。
▶供花料の支給…学校の管理下における死亡で、損害賠償を受けたこと等により死亡見舞金が支給されないものに対し、供花料として17万円を支給します。
▶通院費の支給…へき地にある学校(義務教育諸学校)の管理下における児童生徒の災害に対し、通院日数に応じ、1日当たり定額1,000円の通院費を支給します。
▶東日本大震災特別弔慰金の支給…東日本大震災に起因する学校の管理下における死亡に対し、特別弔慰金として500万円を支給します（東日本大震災に起因する災害については、災害共済給付制度に基づく給付は行いません。）。

出典：独立行政法人日本スポーツ振興センター「令和元年度 学校安全・災害共済給付ガイド」2019

3　請求と給付について

　給付金の支払請求は、学校の設置者がセンター（各地域の給付担当課）に対して行い、給付金はセンター（各地域の給付担当課）から学校の設置者を経由して児童生徒等の保護者に支払われます。
　また、保護者も学校の設置者を経由して給付金の支払請求をすることができます。

○給付金の支払請求
　給付金の支払請求は、医療費と障害見舞金については、毎月10日までに前月分を、死亡見舞金は、その都度行います。

○給付金支払請求の時効
　給付事由が発生してから2年間
　医療費：同一の負傷又は疾病に係る医療費の月分ごとに、翌月10日の翌日（11日）から起算して2年の間に請求を行わないときは、時効となります。
　障害見舞金：負傷又は疾病が治った日の属する月の翌月10日の翌日（11日）から起算して2年の間に請求を行わないときは、時効となります。
　死亡見舞金：死亡した日の翌日から起算して2年間請求を行わないときは、時効となります。

○医療費の支給期間
　初診から最長10年間

○給付の全部又は一部が行われない場合
・第三者の加害行為による災害で、その加害者から損害賠償を受けたとき（対自動車交通事故など）
・他の法令の規定による給付等を受けられるとき
・非常災害（地震、津波、洪水など）で一度に大勢の児童生徒が災害に遭い、給付金の支払が困難になったとき
・高等学校又は高等専修学校の生徒及び高等専門学校の学生の故意等による災害（自殺など）には給付が行われません。
　（ただし、いじめ、体罰その他の当該高校生等の責めに帰することができない事由により生じた強い心理的な負担により故意に死亡したとき等については、平成28年4月1日以後に生じた場合は、給付の対象となります。）
　また、重過失（単車通学におけるスピード違反など）による災害については、一部給付の減額が行われます。

出典：独立行政法人日本スポーツ振興センター（学校安全Web）
　　　（https://www.jpnsport.go.jp/anzen/saigai/seido/tabid/86/Default.aspx）、2019（一部省略）

4　学校の管理下における事故発生時の災害共済給付請求の流れ

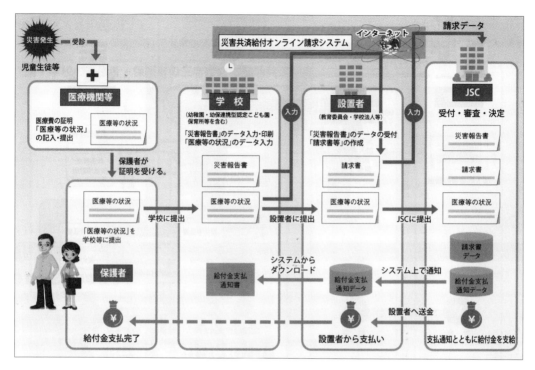

出典：独立行政法人日本スポーツ振興センター「令和元年度学校安全・災害共済給付ガイド」2019

5　学校の管理下となる範囲

学校の管理下となる場合	例
1．学校が編成した教育課程に基づく**授業**を受けている場合（保育所等における保育中を含みます。）	・各教科（科目）、道徳、自立活動、総合的な学習の時間、幼稚園における保育中 ・特別活動中（児童・生徒・学生会活動、学級活動、ホームルーム、クラブ活動、儀式、学芸会、運動会、遠足、修学旅行、大掃除など）
2．学校の教育計画に基づく**課外指導**を受けている場合	・部活動、林間学校、臨海学校、夏休みの水泳指導、生徒指導、進路指導など
3．**休憩時間**に学校にある場合、その他校長の指示又は承認に基づいて学校にある場合	・始業前、業間休み、昼休み、放課後
4．通常の経路及び方法により**通学**する場合（保育所等への登園・降園を含みます。）	・登校（登園）中、下校（降園）中
5．学校外で授業等が行われるとき、その場所、集合・解散場所と住居・寄宿舎との間の合理的な経路、方法による往復中	・鉄道の駅で集合、解散が行われる場合の駅と住居との間の往復中など
6．学校の寄宿舎にあるとき	

※学校の管理下の範囲の詳細については、「独立行政法人日本スポーツ振興センター災害共済給付の基準に関する規程」に定めています。

出典：独立行政法人日本スポーツ振興センター（学校安全Web）
　　　　　　　　（https://www.jpnsport.go.jp/anzen/saigai/seido/tabid/84/Default.aspx）、2019

別紙1（1）

災害報告書

※受付番号

○この用紙は、独立行政法人日本スポーツ振興センターの災害共済給付金の支払請求に使うものです。

高校課程別・専修学科別　全・定・通

設置者名							
被災児童生徒等	フリガナ氏名		学年	年　組　男女	生年月日　年　月　日生	保護者等（受給者）氏名	

災害発生の場所	学校内	校舎内	教室、実験実習室、体育館・屋内運動場、講堂、廊下、昇降口、階段、その他（　　　）	学校外	道路、運動場、山、林野、海、湖、河川、その他（　　　）
		校舎外	運動場・校庭、体育・遊戯施設、プール、排水溝、その他（　　　）		

災害発生の場合	1 教育課程に基づく授業を受けている場合		各教科(科目)、道徳、自立活動、総合的な学習の時間　体育(保健体育)、その他の教科等（　　　）
		特別活動	学級（ホームルーム）活動、児童（生徒）会活動、クラブ活動（　　）（　　）
			学校行事	儀式的行事（　）　文化的行事（　） 健康安全・体育的行事（　） 遠足(旅行)・集団宿泊的行事（　） 勤労生産・奉仕的行事（　）　その他（　）
	2 学校の教育計画に基づいて行われる課外指導を受けている場合		部活動（　）、林間学校、臨海学校、水泳指導、生徒指導、進路指導、その他（　）
	3 休憩時間中その他校長の指示、承認に基づいて学校にある場合		休憩時間中、昼食時休憩時間中、始業前の特定時間中、授業終了後の特定時間中、その他（　）
	4 通常の経路方法により通学する場合及びこれに準ずる場合		登校中、下校中、　徒歩、バス、鉄道、自転車、原動機付自転車、その他（　）　自動二輪車、その他（　）
	5 児童生徒が寄宿舎にあるとき		6 技術教育のための施設において教育を受けているとき

災害発生の日時	平成・令和　年　月　日（　曜）午前・午後　時　分

災害発生の状況（具体的に詳記してください）		応急処置や医療機関への移送など災害発生に対して学校側のとった措置状況

その他参考となる事項	

上記のことは事実と相違のないことを証明します。

学校名及び所在地

令和　年　月　日　校長氏名　　　　　　　　　　印

※決　定

（注）1 この災害報告書は、義務教育諸学校、高等学校（中等教育学校の後期課程及び特別支援学校の高等部を含む。）、高等専門学校又は専修学校（高等課程に係るものに限る。）の児童、生徒又は学生の災害の場合に使用すること。
　　2 この災害報告書は、第1回目の医療費の請求を行うとき、医療等の状況（訪問看護、治療用装具若しくは生血又は調剤を要した場合は更に訪問看護明細書、治療用装具・生血明細書又は調剤報酬明細書を添付する。）とともに1件ごとに上部をつづり込み、医療費支払請求書に添付すること。
　　3 ※印は、記入しないこと。
　　4 この報告書の用紙は、日本工業規格A4縦型とすること。

出典：独立行政法人日本スポーツ振興センター（学校安全 Web）
（https://www.jpnsport.go.jp/anzen/Portals/0/anzen/kyosai/pdf/14_R1_saigaihoukokusyo_yousiki1-1.pdf）、2019

別紙3（1）

医 療 等 の 状 況

学校（保育所等）記入欄

　　立　　　　学校（園）

平成・令和　　年　月分

○この用紙は、独立行政法人日本スポーツ振興センターの災害共済給付金の支払請求に使うものです。

| 被災児童生徒等 | 氏名 | | 男／女 | 平成・令和　年　月　日生 |

傷病名　(1)／(2)／(3)

診療開始日　(1) 平成・令和　年　月　日／(2) 平成・令和　年　月　日／(3) 平成・令和　年　月　日

診療実日数　　　日

転帰　治ゆ／死亡／中止

診療報酬請求点数

外来に係る療養　十万・万・千・百・十・一　点

入院に係る療養　日数　　日間　十万・万・千・百・十・一　点

入院に係る食事療養標準負担額　日数　　日間　万・千・百・十・一　円

医療機関へお願い

診療報酬請求点数及び負担金額欄中、空欄となる上位けた数欄は、×印等で抹消してください。

上記のとおりです。

令和　　年　　月　　日

医療機関所在地及び名称

氏名　　　　　印

※　決　定

外来に係る療養分	10円×	点×4/10＝	円
入院に係る療養分	10円×	点×4/10＝	円
入院に係る食事療養標準負担額			円
合　　計			円

(注)　1　この医療等の状況は、医療保険各法に基づく被扶養者、被保険者又は組合員としての療養を受けた場合に使用すること。
　　2　病院又は診療所における医科の療養と歯科の療養は、それぞれ別葉とすること。
　　3　入院に係る食事療養標準負担額欄は、食事をとった日数の合計と食事療養標準負担額の合計額を記入すること。
　　4　※印は、記入しないこと。
　　5　この医療等の状況の用紙は、日本工業規格A4縦型とすること。

【お願い】上記証明において公費負担医療制度を利用した場合は下欄の記入にご協力ください（*該当する項目に〇をつけてください。）。

| 記入者* 保護者 学校（園） 設置者 医療機関 | 公費負担医療制度* （利用している制度がない場合はその他に記入） | 乳幼児・ひとり親・子ども医療助成・障害者総合支援法 その他（　　　　　　　　） |
| | 自己負担額 （公費負担医療制度を利用している場合のみ記入） | 円 |

出典：独立行政法人日本スポーツ振興センター（学校安全Web）
（https://www.jpnsport.go.jp/anzen/Portals/0/anzen/kyosai/pdf/01_R1_iryou3-1.pdf）、2019

別紙3(7)

調剤報酬明細書

学校(保育所等)記入欄
　立　　　　　学校(園)
平成・令和　　年　　月分

○この用紙は、独立行政法人日本スポーツ振興センターの災害共済給付金の支払請求に使うものです。

被災児童生徒等	氏名		男/女	平成・令和　年　月　日生
保険医療機関の	所在地及び名称		保険医氏名	1. 6. 2. 7. 3. 8. 4. 9. 5. 10.	受付回数　　回

処方月日	調剤月日	処方		調剤数量	調剤報酬点数		
		医薬品名・規格・用量・剤型・用法	単位薬剤料		調剤料	薬剤料	加算料
			点		点	点	点

摘要

合計　　　点	調剤基本料　点	時間外等加算　点	指導料　　点

上記のとおりです。
　　令和　　年　　月　　日
　　　　保険薬局所在地及び名称
　　　　氏名　　　　　　　　　　印

※　決　定　　10円×　　　　　点× $\frac{4}{10}$ ＝　　　　円

(注) 1 この明細書は、医療保険各法に基づく被扶養者、被保険者又は組合員として保険薬局から調剤を受けた場合に使用すること。
　　 2 ※印は、記入しないこと。
　　 3 この明細書の用紙は、日本工業規格A4縦型とすること。

【お願い】上記証明において公費負担医療制度を利用した場合は下欄の記入にご協力ください (*該当する項目に〇をつけてください。)。

記入者*	公費負担医療制度*	乳幼児・ひとり親・子ども医療助成・障害者総合支援法
保護者 学校(園)	利用している制度がない場合はその他に記入	その他 [　　　　]
設置者 保険薬局	自己負担額 (公費負担医療制度を利用している場合のみ記入)	円

出典：独立行政法人日本スポーツ振興センター（学校安全Web）
　　　(https://www.jpnsport.go.jp/anzen/Portals/0/anzen/kyosai/pdf/09_R1_tyouzaihousyumeisai3-7.pdf)、2019

別紙3(3)

医療等の状況

学校（保育所等）記入欄
□立　　　学校（園）
平成／令和　年　月分

○この用紙は、独立行政法人日本スポーツ振興センターの災害共済給付金の支払請求に使うものです。

被災児童生徒等	氏名		男／女	平成／令和　年　月　日生

負傷名	(1) (2) (3)	転帰	継続中	治ゆ	中止	転医

施術開始の年月日	(1) 平・令　年　月　日 (2) 平・令　年　月　日 (3) 平・令　年　月　日	施術終了の年月日	(1) 平・令　年　月　日 (2) 平・令　年　月　日 (3) 平・令　年　月　日	施術実日数	日

施術の内容欄　　計

初検料	円	往療料	片道　km
加算 休日・深夜・時間外	円	円× 回＝	円
初検時相談支援料	円	加算 夜間・難路 暴風雨雪	円
再検料	円	柔道整復運動後療料	円× 回＝ 円

整復・固定・施療料	整復料　円	固定料　円	施療料　円
金属副子等加算	円	円	

	施術を行った期間	回数	一回の料金	
後療料	月　日から 月　日まで	回	円	円
金属副子等交換料加算				
温罨法料	月　日から 月　日まで	回	円	円
冷罨法料	月　日から 月　日まで	回	円	円
電療料	月　日から 月　日まで	回	円	円
施術情報提供料				円
その他				円
備考				

施術金額合計　　　　　円

上記のとおりです。
令和　年　月　日
　　　　　　住所
柔道整復師
　　　　　　氏名　　　　㊞

	円× 4/10 ＝	円
※決定		円
合計		円

(注)
1. この医療等の状況は、柔道整復師から施術を受けた場合に使用すること。
2. ※印は、記入しないこと。
3. 医療等の状況の用紙は、日本工業規格A4縦型とすること。

【お願い】上記証明において公費負担医療制度を利用した場合は下欄の記入にご協力ください（*該当する項目に○をつけてください。）。

記入者*	公費負担医療制度*	乳幼児・ひとり親・子ども医療助成・障害者総合支援法
保護者／学校（園）設置者／医療機関	利用している制度がない場合はその他に記入	その他［　　　　　　　　　　　］
	自己負担額（公費負担医療制度を利用している場合のみ記入）	円

出典：独立行政法人日本スポーツ振興センター（学校安全Web）
(https://www.jpnsport.go.jp/anzen/Portals/0/anzen/kyosai/pdf/05_R1_iryou3-3.pdf)、2019

〔心肺蘇生の手順と AED の使い方〕

心臓や呼吸が停止した傷病者を救命するためには、胸骨圧迫と人工呼吸による心肺蘇生や AED を用いた処置を行う。

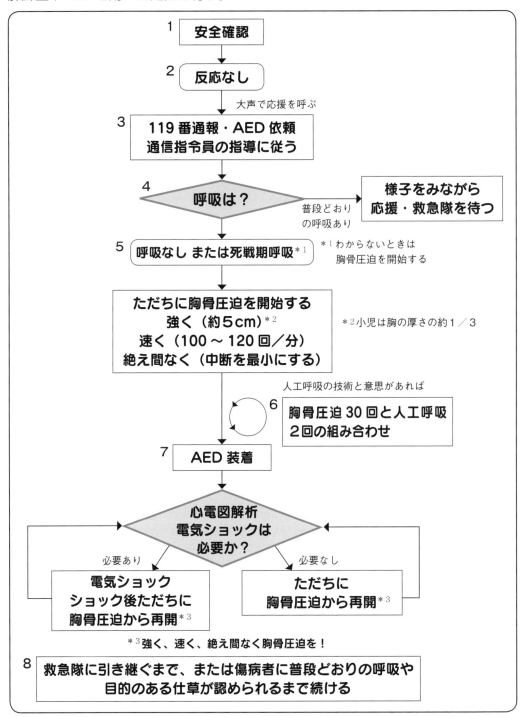

出典：日本蘇生協議会『JRC 蘇生ガイドライン 2015』「市民における BLS アルゴリズム」医学書院(2016)より引用
（転載時は上記からの引用として許諾を得てください）

心肺蘇生の手順とAEDの使い方

① 周囲の安全を確認し、肩をたたきながら大声で呼びかける

傷病の状態がわからないため、体をゆすってはいけない。

もし、もしわかりますか？

② 反応がない、またはわからない場合

大声で助けを求め、119番通報とAEDを依頼。

誰か来てください。あなた119番してください。あなたAEDを持って来てください。

誰もいない場合、自分で119番通報をし、AEDの手配をする。

③ 呼吸の確認

普段どおりの呼吸をしているかどうか10秒以内で確認する。傷病者の胸部と腹部の動きを見る。

しゃくりあげるような不規則な呼吸（死戦期呼吸）は心停止のサインであり、「呼吸なし」と同じ扱いである。

④ 普段通りの呼吸がないとき、死戦期呼吸がみられるとき、またはわからないときもただちに胸骨圧迫

強く（成人は約5cm、小児は胸の厚さの約1/3）、速く（100〜120回/分）、絶え間なく（中断を最小にする）

毎回の圧迫の後で、完全に胸が元の位置に戻るように圧迫を解除する。

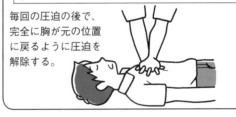

胸骨圧迫の位置

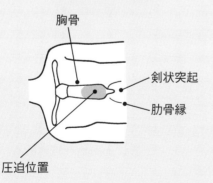

胸骨／剣状突起／肋骨縁／圧迫位置

胸骨の下半分（めやすは「胸の真ん中」）

⑤ 気道を確保し、2回の人工呼吸

人工呼吸の技術を身につけ、行う意思がある場合は、気道を確保し、1秒かけて胸が上がる程度の息を2回吹き込む。できない状況では胸骨圧迫のみ行う。

胸骨圧迫と人工呼吸を30：2の比で行う。協力者がいれば、1〜2分ごとに役割を交替する。

⑥ AEDが届いたら

直ちに電源を入れる。

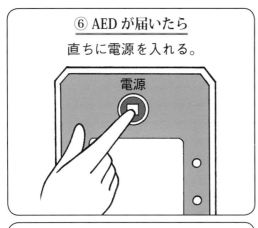

　AEDを届けた人に、AEDが使えるか・心肺蘇生を行えるかを聞き、どちらもできない場合、ふたを開けて電源を入れ、使いやすい場所に置いてもらう。AEDの準備ができるまで心肺蘇生を継続する。

⑦ 電極パッドを胸に貼る

胸の右上と胸の左下側

　傷病者の衣服を開き、2枚の電極パッドを皮膚に密着させる。
　未就学の小児には、小児用パッドを用いるが、小児用パッドがない場合は、成人用パッドで代用する。

⑧ 電気ショックの必要性をAEDが判断

（心電図解析中は傷病者に触れない）

離れてください

⑨ ショックボタンを押す

「ショックが必要です」のメッセージが流れたら、誰も傷病者に触れていないことをもう一度確認して、ショックボタンを押す。

AED使用の際の注意点

・AEDの音声指示に従う。
・皮膚の下に医療機器が埋め込まれている場合は、出っ張りを避けて電極パッドを貼る。
・汗や水で胸がぬれている場合は、拭いてから電極パッドを貼る。
・パッドを貼る位置に貼り薬があればそれをはがし、残っている薬剤を拭き取る。
・電気ショック後は、すぐに胸骨圧迫を再開する。
・心肺蘇生は救急隊または医師に引き渡すまで行う。
・電極パッドは救急隊が到着するまで貼ったままにしておく。

【解説】学校における心肺蘇生教育

　2011年9月文部科学省より、小学校5年生以上を対象とした心肺蘇生講習会について、各学校へ周知が図られた。

　ほとんどのけがや病気は医療機関以外の場所で発生している。医師のいない現場では、その場に居合わせた人「バイスタンダー」による応急処置が救急医療を必要としている人の予後を大きく左右する。しかし、バイスタンダーによる心肺蘇生実施率は決して高くない（2015年消防庁統計では54.2％）。

　日本における心肺蘇生の普及については、救急に関連する学会のみならず、関連省庁、地方自治体、消防機関、日本赤十字社、または民間団体などが、希望する者への講習会や要請のあった学校への出張講習という形で実施してきた。今後バイスタンダーによる心肺蘇生実施率を高めるためには、国民すべてに心肺蘇生講習を計画的に実施することが望まれる。すなわち、学校教育内にこの心肺蘇生を普及することは、国民全体への心肺蘇生の普及をはかり、日本における救命率をあげる近道である。

　日本臨床救急医学会「学校へのBLS教育導入検討委員会」では、学校教職員や養護教諭が、児童生徒の体力・集中力や学校の授業時間に合わせて心肺蘇生を指導することができるよう、日本版ガイドライン2015によって作成された「救急蘇生法の指針（市民用）」に基づいた「心肺蘇生の指導・指導内容に関する共通認識（コンセンサス）」を作成した。ここでは、単に心肺蘇生の手技を伝えるのではなく、傷ついている人に手を差しのべ、自らの手で救命処置を施し、そして人が力を合わせて「救命」をなすことのできるバイスタンダーを育成する「命の教育」を提案する。

　授業内で心肺蘇生教育を実施する際の小学校用、中学・高校用「学習指導案」および「授業展開例」も作成され、日本臨床救急医学会ホームページ「学校へのBLS教育導入検討委員会/学校での心肺蘇生法教育」から、ダウンロードすることができる。[http://jsem.umin.ac.jp/about/school_bls_sidou.html]

　また日本赤十字社ホームページ「救急法等の講習＞講習の内容について」から、「一次救命処置(BLS)〜心肺蘇生とAED〜」を学べる動画を閲覧し、eラーニングを活用することができる。[http://www.jrc.or.jp/activity/study/index.html]

（加藤 啓一）

〔バイタルサイン（vital signs）〕

ア 意識（consciousness）

意識とは、「自分が今、どこにいて、何をしているかなど、自分の状態がわかっていること」である。意識があるかないか、意識がはっきりしているかいないかは、傷病の緊急度を判断するうえで重要である。

意識障害は、脳の疾患でも、脳以外の疾患でも起こるが、いずれの場合も体が深刻な状態にあることを示す。呼びかけや刺激を与えて反応を確認し、意識の状態を確認する。

<意識状態の観察方法>

「○○さん」「大丈夫ですか？」などと声をかけたり、軽く肩を叩いたりして反応を見る。ただし、傷病者の体を無理に揺り動かしたり、抱き起こしたりすると危険な場合もある。特に頭部打撲や頸椎損傷の場合は症状の悪化を招くこともある。

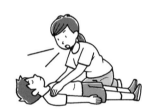

<参考>

ジャパン・コーマ・スケール（3-3-9度方式、JCS：Japan Coma Scale）

覚醒の程度を9段階で表し、数値が大きいほど意識障害が重症である。

Ⅰ 刺激なしで覚醒している状態	大体意識清明であるが、何かはっきりしない	1
	見当識（時・場所・人の認識）障害が認められる	2
	自分の名前・生年月日が言えない	3
Ⅱ 刺激によって覚醒する状態（刺激をやめると眠り込む）	呼びかけによって容易に開眼する	10
	大きな声、または体を揺さぶることで開眼する	20
	痛み刺激によってかろうじて開眼する	30
Ⅲ 刺激をしても覚醒しない状態	痛み刺激を払いのける動作がある	100
	痛み刺激で手足が動く、顔をしかめる	200
	痛み刺激にまったく反応しない	300

イ 呼吸 (respiration)

呼吸とは、「生命を維持するために吸気により酸素を取り入れ、呼気により代謝産物の二酸化炭素を排出する作用」である。呼吸は様々な要因や環境の影響を受ける。例えば、高温・痛み・血圧低下・運動・精神の高揚により呼吸数は増加する。

＜呼吸状態の観察方法＞

傷病者の口と鼻に耳と頬を近づけ、目を傷病者の胸の方に向けて、呼吸の状態を観察する。

＜呼吸状態の評価方法＞

正常な呼吸は、穏やかで規則正しく吸気と呼気を繰り返している。呼吸の数・呼吸の深さを観察する。

呼吸の数	1分間の呼吸回数（30秒の呼吸数×2でも可）を言う。 呼吸数の目安：（6歳以上）14～20回／分 　　　　　　　（1歳以上～6歳未満）20～30回／分
呼吸の深さ	1回の換気量：健康な成人の安静時の1回換気量は、約500mL。

ウ 脈拍 (pulse)

脈拍とは、体表から触れることのできる動脈の拍動（ドクドクという律動的な動き）のことである。

脈拍数は様々な要因で増減する。
　脈拍数の増加：発熱・貧血・血圧低下・運動・
　　　　　　　甲状腺機能亢進症など
　脈拍数の減少：低体温・血圧上昇・甲状腺機能
　　　　　　　低下症など

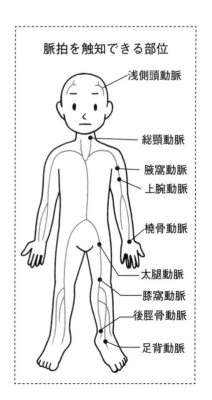

脈拍を触知できる部位
浅側頭動脈
総頸動脈
腋窩動脈
上腕動脈
橈骨動脈
太腿動脈
膝窩動脈
後脛骨動脈
足背動脈

＜脈拍の測定方法＞
　脈拍の測定は手首（橈骨動脈）で行う。

　測定者の人差し指・中指の２本の指先で、橈骨動脈部位（手首の親指側）を軽く押さえて、１分間の脈拍数を測定する。
　橈骨動脈で脈拍が測定しにくい場合は、上腕動脈や大腿動脈などほかの部位で行う。急変時には総頸動脈で脈拍測定を行う。

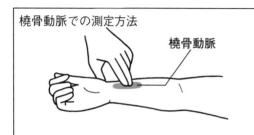
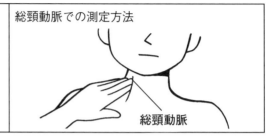

＜参考＞

脈拍数	脈拍数の目安：（6歳以上）60～80回／分 　　　　　　（1歳以上～6歳未満）70～120回／分 頻脈：安静にしているのに速い。 　　　発熱、貧血、心不全、大量出血などで見られる。 徐脈：心疾患、脊髄損傷などで見られる。
脈拍のリズム	脈拍の規則性を示す。 正常な脈拍は、規則的である。 不整脈：脈拍のリズムが一定していない。 　・脈がときどき抜けるタイプ：多くは期外収縮である。 　・脈がまったく不規則になるタイプ：心房細動が疑われる。

エ　体温（body temperature）

　体温とは、身体内部の温度を言う。体の中枢の深部体温を測ることが困難なために、腋窩温、口腔温、直腸温、鼓膜温などで代用する。
　体温は、様々な要因で変化するが、脳の体温調節中枢の働きにより一定の範囲に保たれている。
　体温は、腋窩（腋窩温）、口腔（口腔温）、直腸（直腸温）、鼓膜（鼓膜温）で測定する。

＜腋窩温の測定方法＞
測 定 準 備：① あらかじめ腕を下げて腋窩を閉じておく。
② 腋窩部位に汗をかいているときは乾いたタオルなどで拭いておく。
③ 体温計の準備をする。
水銀体温計の場合は水銀の位置が最低値以下であることを確認し、電子体温計の場合は測定準備になっていることを確認する。
体温計の挿入：④ 腋窩の最も深い部位に体温計の先端が当たるように、下から上に向けて45度の角度で挿入する。
測 定 時 間：⑤ 水銀体温計の場合は10分以上を要する。
⑥ 電子体温計（予測式）の場合は、測定が終了するとブザーが鳴る。
測 定 後：⑦ 測定値を読み、記録する。体温計をアルコール綿などで消毒し、ケースに収納する。水銀体温計の場合は水銀が目盛りの最低値になるように振り下ろしておく。

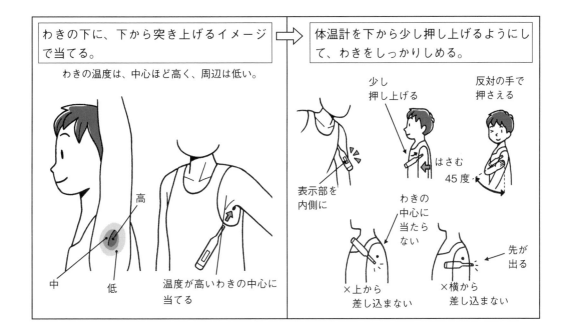

オ 血圧 (blood pressure)

血圧とは、血液が血管内を流れるときに血管壁にかかる圧力を言う。心臓が収縮したときに動脈壁にかかる圧力を収縮期血圧（最高血圧）と言い、心臓が拡張したときに動脈壁にかかる圧力を拡張期血圧（最低血圧）と言う。

〔ショック〕

ア ショックとは

ショックとは、体の重要な臓器の機能を維持するために必要な血液が供給されなくなって引き起こされる全身の状態を言う。

ショックが進行すれば、重要な臓器が酸素不足になり、機能が障害されて死に至る。

ショックの症状が見られた場合は、救急車を要請し、緊急対応を行う。

イ ショックの分類（Hollenberg,1993）

＜ショックを引き起こす機序による分類＞

分類	発生機序
Ⅰ．血液分布異常性ショック	**感染性、アナフィラキシー**[※1]**、神経原性** 細菌の毒素、食物・薬剤・ゴム・昆虫の抗原、痛みによる反射や脊髄の損傷などにより、急激な末梢血管拡張や心収縮力低下が引き起こされて発症する。
Ⅱ．循環血液量減少性ショック	**出血性**[※2]**、体液喪失（脱水、腹膜炎、熱傷など）** 全身をめぐる血液量の不足により発症する。
Ⅲ．心原性ショック	**心筋性（心筋梗塞、心筋炎など）、機械性（弁膜症）、不整脈** 心臓のポンプ機能に異常をきたして発症する。
Ⅳ．心外閉塞・拘束性ショック	**緊張性気胸、心タンポナーデ、収縮性心膜炎、肺塞栓症** 損傷した肺から胸腔に漏れた空気、心臓周囲に溜まった血液、炎症で縮んだ心外膜による圧迫、あるいは血栓による肺動脈閉塞により、右心系（大静脈、右心房、右心室、肺動脈）の血液充満や血液拍出が制限されて発症する。

※1 アナフィラキシー：児童生徒に起きるアナフィラキシーの原因は食物アレルギーが最多である（p.121参照）。

※2 出血性ショック：成人の循環血液量は体重のおおよそ13分の1（約7％）である。急激に循環血液量の30％を失うと生命に危険をおよぼす。

ウ　ショックの症状

```
・顔面が蒼白        ・皮膚が冷たい           ・冷や汗
・目はうつろ        ・意識がぼんやりしている
・呼吸は浅く速い    ・脈拍は弱く速い
・虚脱、ぐったりしている  ・唇が紫色か白っぽい
```

エ　ショックの手当

① バイタルサインを観察する。
　顔色・呼吸の状態・脈拍の状態・意識の状態など。
② ネクタイやベルトをゆるめ、毛布などで保温する（保温・安静）。
③ 頭頸部のけがや足の骨折が見られないときは、両足首下に折り畳んだ毛布などを敷いて、約30cm高くする（ショック体位）。
④ 救急車を要請し、緊急対応を行う。
　※反応がなく、普段どおりの呼吸がなければ、心肺蘇生やAEDを用いた一次救命処置を行いながら、救急車の到着を待つ。
　※ショック体位は、脳や心臓などの主要臓器にいち早く血液を送り、状態の悪化予防や症状緩和に役立つ。

オ　アナフィラキシー

　食物、薬物、ハチ毒などが原因で起こる、即時型アレルギー反応の総称である。アレルギー反応のなかでも、じんま疹だけ、あるいは腹痛だけなどのように、一つの症状にとどまらず、皮膚（じんま疹や発赤、かゆみ）、呼吸器（咳、くしゃみ、ぜーぜーという呼吸、呼吸困難）、消化器（腹痛、嘔吐）、循環器（脈が速い、血圧低下）、神経（活動性の変化、意識の変化）などのうち複数の臓器で症状が現れるものがアナフィラキシーと呼ばれている。

　血圧低下や意識障害などの強い症状を伴う場合は、アナフィラキシーショックと呼び、生命をおびやかす危険な状態となる。

　小麦、甲殻類、木の実類などの食品を食べ、4時間以内に運動を行ったときに食物アレルギーが誘発されて発症し、全身性アナフィラキシー症状を呈することが少なくない。これを「食物依存性運動誘発アナフィラキシー」と言う。

【学校におけるアレルギー疾患に対する取り組みのポイント】

　学校には、各種のアレルギー疾患の子どもが多数在籍しているという報告（「アレルギー疾患に関する調査研究報告書（平成16年）」文部科学省）があることから、アレルギー疾患の子どもだけを特別な子どもとして配慮するのではなく、アレルギーそのものを一般的なこととして対応する必要がある。
○食物アレルギーやアナフィラキシーに関して正しい知識を持つ。
○各疾患の特徴を知る。
○個々の児童生徒の症状等の特徴を把握する。
○症状が急速に変化しうることを理解し、日頃から緊急時の対応の準備をしておく。
○学校生活管理指導表（アレルギー疾患用も含む）を活用する。
○食物依存性運動誘発アナフィラキシーは、運動量の増加する小学校高学年の児童から高校生に発症頻度が高く、昼食後の昼休みや午後の体育の時間などに発症することが多いので注意する。
○エピペン®を理解し、使用法を知る。

【エピペン®とは】

・アナフィラキシー発症時に緊急補助療法として使用されるアドレナリン自己注射薬である。（エピペン®は商品名）
・アナフィラキシーを起こす可能性の高い患者にあらかじめ処方されるものである。
・平成23年9月に保険適用となった。

<参考>平成17年7月26日厚生労働省医政局長通知

医政発第0726005号
平成17年7月26日

各都道府県知事　殿

厚生労働省医政局長

医師法第17条、歯科医師法第17条及び保健師助産師看護師法第31条の解釈について（通知）

　医師、歯科医師、看護師等の免許を有さない者による医業（歯科医業を含む。以下同じ。）は、医師法第17条、歯科医師法第17条及び保健師助産師看護師法第31条その他の関係法規によって禁止されている。ここにいう「医業」とは、当該行為を行うに当たり、医師の医学的判断及び技術をもってするのでなければ人体に危害を及ぼし、又は危害を及ぼすおそれのある行為（医行為）を、反復継続する意思をもって行うことであると解している。

　ある行為が医行為であるか否かについては、個々の行為の態様に応じ個別具体的に判断する必要がある。しかし、近年の疾病構造の変化、国民の間の医療に関する知識の向上、医学・医療機器の進歩、医療・介護サービスの提供の在り方の変化などを背景に、高齢者介護や障害者介護の現場等において、医師、看護師等の免許を有さない者が業として行うことを禁止されている「医行為」の範囲が不必要に拡大解釈されているとの声も聞かれるところである。
　このため、医療機関以外の高齢者介護・障害者介護の現場等において判断に疑義が生じることの多い行為であって原則として医行為ではないと考えられるものを別紙の通り列挙したので、医師、看護師等の医療に関する免許を有しない者が行うことが適切か否か判断する際の参考とされたい。
　なお、当然のこととして、これらの行為についても、高齢者介護や障害者介護の現場等において安全に行われるべきものであることを申し添える。

出典：厚生労働省HP
（http://www.mhlw.go.jp/stf2/shingi2/2r9852000000g3ig-att/2r9852000000iiut.pdf）を一部改変

（別紙）

1　水銀体温計・電子体温計により腋下で体温を計測すること、及び耳式電子体温計により外耳道で体温を測定すること

2　自動血圧測定器により血圧を測定すること

3　新生児以外の者であって入院治療の必要がないものに対して、動脈血酸素飽和度を測定するため、パルスオキシメータを装着すること

4　軽微な切り傷、擦り傷、やけど等について、専門的な判断や技術を必要としない処置をすること（汚物で汚れたガーゼの交換を含む。）

5　患者の状態が以下の3条件を満たしていることを医師、歯科医師又は看護職員が確認し、これらの免許を有しない者による医薬品の使用の介助ができることを本人又は家族に伝えている場合に、事前の本人又は家族の具体的な依頼に基づき、医師の処方を受け、あらかじめ薬袋等により患者ごとに区分し授与された医薬品について、医師又は歯科医師の処方及び薬剤師の服薬指導の上、看護職員の保健指導・助言を遵守した医薬品の使用を介助すること。具体的には、皮膚への軟膏の塗布（褥瘡の処置を除く。）、皮膚への湿布の貼付、点眼薬の点眼、一包化された内用薬の内服（舌下錠の使用も含む）、肛門からの坐薬挿入又は鼻腔粘膜への薬剤噴霧を介助すること。
① 患者が入院・入所して治療する必要がなく容態が安定していること
② 副作用の危険性や投薬量の調整等のため、医師又は看護職員による連続的な容態の経過観察が必要である場合ではないこと
③ 内用薬については誤嚥の可能性、坐薬については肛門からの出血の可能性など、当該医薬品の使用の方法そのものについて専門的な配慮が必要な場合ではないこと

注1　以下に掲げる行為も、原則として、医師法第17条、歯科医師法第17条及び保健師助産師看護師法第31条の規制の対象とする必要がないものであると考えられる。

① 爪そのものに異常がなく、爪の周囲の皮膚にも化膿や炎症がなく、かつ、糖尿病等の疾患に伴う専門的な管理が必要でない場合に、その爪を爪切りで切ること及び爪ヤスリでやすりがけすること

出典：厚生労働省 HP
（http://www.mhlw.go.jp/stf2/shingi2/2r9852000000g3ig-att/2r9852000000iiut.pdf）を一部改変

② 重度の歯周病等がない場合の日常的な口腔内の刷掃・清拭において、歯ブラシや綿棒又は巻き綿子などを用いて、歯、口腔粘膜、舌に付着している汚れを取り除き、清潔にすること

③ 耳垢を除去すること（耳垢塞栓の除去を除く）

④ ストマ装具のパウチにたまった排泄物を捨てること。（肌に接着したパウチの取り替えを除く。）

⑤ 自己導尿を補助するため、カテーテルの準備、体位の保持などを行うこと

⑥ 市販のディスポーザブルグリセリン浣腸器（※）を用いて浣腸すること
　※ 挿入部の長さが5から6センチメートル程度以内、グリセリン濃度50％、成人用の場合で40グラム程度以下、6歳から12歳未満の小児用の場合で20グラム程度以下、1歳から6歳未満の幼児用の場合で10グラム程度以下の容量のもの

注2　上記1から5まで及び注1に掲げる行為は、原則として医行為又は医師法第17条、歯科医師法第17条及び保健師助産師看護師法第31条の規制の対象とする必要があるものでないと考えられるものであるが、病状が不安定であること等により専門的な管理が必要な場合には、医行為であるとされる場合もあり得る。このため、介護サービス事業者等はサービス担当者会議の開催時等に、必要に応じて、医師、歯科医師又は看護職員に対して、そうした専門的な管理が必要な状態であるかどうか確認することが考えられる。さらに、病状の急変が生じた場合その他必要な場合は、医師、歯科医師又は看護職員に連絡を行う等の必要な措置を速やかに講じる必要がある。

　　また、上記1から3までに掲げる行為によって測定された数値を基に投薬の要否など医学的な判断を行うことは医行為であり、事前に示された数値の範囲外の異常値が測定された場合には医師、歯科医師又は看護職員に報告するべきものである。

注3　上記1から5まで及び注1に掲げる行為は原則として医行為又は医師法第17条、歯科医師法第17条及び保健師助産師看護師法第31条の規制の対象とする必要があるものではないと考えられるものであるが、業として行う場合には実施者に対して一定の研修や訓練が行われることが望ましいことは当然であり、

出典：厚生労働省HP
（http://www.mhlw.go.jp/stf2/shingi2/2r9852000000g3ig-att/2r9852000000iiut.pdf）を一部改変

介護サービス等の場で就労する者の研修の必要性を否定するものではない。
　　また、介護サービスの事業者等は、事業遂行上、安全にこれらの行為が行われるよう監督することが求められる。

注４　今回の整理はあくまでも医師法、歯科医師法、保健師助産師看護師法等の解釈に関するものであり、事故が起きた場合の刑法、民法等の法律の規定による刑事上・民事上の責任は別途判断されるべきものである。

注５　上記１から５まで及び注１に掲げる行為について、看護職員による実施計画が立てられている場合は、具体的な手技や方法をその計画に基づいて行うとともに、その結果について報告、相談することにより密接な連携を図るべきである。上記５に掲げる医薬品の使用の介助が福祉施設等において行われる場合には、看護職員によって実施されることが望ましく、また、その配置がある場合には、その指導の下で実施されるべきである。

注６　上記４は、切り傷、擦り傷、やけど等に対する応急手当を行うことを否定するものではない。

出典：厚生労働省 HP
（http://www.mhlw.go.jp/stf2/shingi2/2r9852000000g3ig-att/2r9852000000iiut.pdf）を一部改変

<参考>
　学校におけるエピペン®使用に関する通知が、文部科学省スポーツ青少年局学校健康教育課長から平成21年7月30日に発出されている。

「救急救命処置の範囲等について」の一部改正について（依頼）（概要）

1．（略）
2．上記1（略）のとおり、救急救命士は、あらかじめ処方されているアドレナリン自己注射薬を使用することが可能となったところであるが、学校におかれては、「学校のアレルギー疾患に対する取り組みガイドライン」の「第2章 疾患各論　4．食物アレルギー・アナフィラキシー」（p.67）（略）にあるように、

　i. 投与のタイミングとしては、アナフィラキシーショック症状が進行する前の初期症状（呼吸困難などの呼吸器の症状が出現したとき）のうちに注射するのが効果的であるとされていること、
　ii. アナフィラキシーの進行は一般的に急速であり、症状によっては児童生徒が自己注射できない場合も考えられること、
　iii. アナフィラキシーショックで生命が危険な状態にある児童生徒に対し、救命の現場に居合わせた教職員が、アドレナリン自己注射薬を自ら注射できない本人に代わって注射することは、反復継続する意図がないものと認められるため、医師法違反にならないと考えられること、

　から、適切な対応を行うこと。このことについては、別添3（略）のとおり厚生労働省との間で確認がなされていること。

3．アドレナリン自己注射薬の処方を受けている児童生徒が在籍している学校においては、保護者の同意を得た上で、事前に地域の消防機関に当該児童生徒の情報を提供するなど、日ごろから消防機関など地域の関係機関と連携すること。また、アドレナリン自己注射薬の処方を受けている児童生徒がアナフィラキシーショックとなり、救急搬送を依頼（119番通報）する場合、アドレナリン自己注射薬が処方されていることを消防機関に伝えること。

参考資料：財団法人 日本学校保健会『学校のアレルギー疾患に対する取り組みガイドライン』
　　　　　独立行政法人 環境再生保全機構、2008

〔手洗いの手順〕

○ 手洗いの基本
① 石けんを使い十分にこすり洗いをし、水で洗い流すことにより、病原体は大幅に減少する。
② 手洗い後の手ぬぐい用タオルは共用せず、ペーパータオルなどを使うか、個人用タオルを利用する。

★ 水道の蛇口はペーパータオルを利用して締めると、手の再汚染を防ぐことができる。

【手洗いの手順】

手洗い前のチェックポイント
・爪は短く切っているか？
・時計や指輪をはずしているか？
・汚れが残りやすいところは特に注意して洗う。

汚れが残りやすいところ
・指先や爪の間
・指と指の間
・親指の周り
・手首

①手をぬらして石けんをつけ、よく泡立ててから手のひらをよくこする。

④指と指を組むようにして、指の間を洗う。

②手の甲は、反対の手でのばすようにこする。

⑤親指を、反対の手のひらで回転させて洗う。

③手のひらをひっかくように動かし、指先・爪の間を念入りに洗う。

⑥手首まで洗う。
②〜⑥は、両手について行う。

⑦最後に、十分に水で洗い流し、ペーパータオルや清潔なタオルで水を拭き取る。

〔嘔吐物の処理〕

日頃から準備しておく物品
使い捨て手袋、マスク、エプロンや白衣（できれば使い捨てできるもの）、新聞紙、拭き取るための布やペーパータオル（使い捨てできるもの）、ビニール袋、次亜塩素酸ナトリウム、専用バケツ、その他必要な物

①汚染場所に関係者以外の人を近づけないようにする。
②処理をする人は使い捨て手袋とマスク、エプロンなどを着用する。窓を開ける。

③使い捨ての布やペーパータオルなどで外側から内側に向けて、拭き取った面を内側に折り込みながら静かにぬぐい取る。同一面でこすると汚染物質を広げてしまうので注意。

④布やペーパータオルなどはすぐにビニール袋に入れて処分する。ビニール袋に0.1％次亜塩素酸ナトリウムを染み込む程度に入れ消毒する。

⑤嘔吐物が付着していた床やその周囲を、0.1％次亜塩素酸ナトリウムを染み込ませた新聞紙やペーパータオルなどで覆うか、浸すように拭く。カーペットなどは色が変色する場合がある。

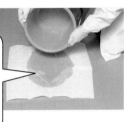

次亜塩素酸ナトリウムは鉄などの金属を腐食させるので、拭き取って10分程度たったら水拭きする。

⑥使用した着衣は廃棄する。やむをえず消毒する場合は下記の手順で行う。

　㋐　付着した嘔吐物を取り除く（手袋着用）。
　㋑　熱湯につけるか、0.02％の次亜塩素酸ナトリウムに30～60分つける。
　㋒　他のものと別に洗濯する。

⑦手袋は、付着した嘔吐物が飛び散らないように、裏返してはずし、使った布やペーパータオルなどと同じように処分する。

⑧処理後は手袋をはずして手洗いをする。

※　その他の留意点
○嘔吐物処理後は、調理や配膳などに従事しない。　○可能ならば、嘔吐物処理後にシャワーを浴びる。

【ポイント】
■嘔吐物を処理した後48時間は、感染の有無に注意すること。
■嘔吐物の処理時とその後は、十分に換気する。

> 演　習

あなただったらどうしますか。考えてみましょう。

場面1

　昼休みの終了間際に、小学4年生の男児が来室した。昇降口で転び、右肘をすりむいたとのことだった。右肘を見ると、赤くなっていた。
　［観察］

　［判断・対応］

　［保健指導］

場面2

　3時間目の授業中に、小学6年生の女児が腹痛を訴えて来室した。彼女は、最近頻繁に腹痛を訴えて来室する児童であり、今週も今日で2回目の来室である。
　［観察］

　［判断・対応］

　［保健指導］

場面3

　2時間目の途中で、小学6年生の男児が「教室で○○君が倒れた。すぐに来てください」と保健室に駆け込んできた。

　［観察］

　［判断・対応］

　［保健指導］

場面4

　放課後、バスケット部の中学2年の女子生徒が「部活動中に足をひねった」と友人に支えられながら来室した。

　［観察］

　［判断・対応］

　［保健指導］

場面5

　昼休みが終了した5時間目のはじめに、高校2年生の男子が「全身がかゆくボツボツができた」と上肢をかきながら保健室に来室した。

［観察］

［判断・対応］

［保健指導］

場面6

　4時間目の途中で、小学5年生の女児が「頭が痛い」と顔をしかめ、頭に手を当てながら保健室に来室した。

［観察］

［判断・対応］

［保健指導］

索　引

【数字・アルファベット】

9の法則　58
ＡＥＤ　9, 24, 49, 97, 98, 100, 101,
　　　　112, 113, 114, 121
ＲＩＣＥ処置　9, 56, 82
　Rest（安静）　82
　Icing（冷却）　82
　Compression（圧迫）　82, 83
　Elevation（挙上）　82, 83

【あ】

顎のけが　72
足側高位　79
アナフィラキシー（ショック）
　　　　120, 121, 122, 127
罨法　38, 80
医行為　9, 10, 21
意識障害（喪失）　21, 35, 37, 43, 45, 48
　　　　49, 53, 61, 62, 63, 116, 121
一次救命処置（ＢＬＳ）　112, 121
医療機関　8, 9, 10, 14, 15, 18, 21, 22
　　　　35, 38, 39, 41, 42, 44, 46, 49, 53,
　　　　56, 57, 58, 59, 62, 63, 65, 66, 68,
　　　　69, 71, 72, 84, 97, 98, 101
運動会　99, 100
エピペン®　100
嘔吐物の処理　129
温罨法　38, 42, 80

【か】

介達痛　55
回復体位　44, 79
過換気症候群　43, 45
学校の管理下　8, 11, 12, 104, 107
眼窩底骨折　64
環行帯　88
間接圧迫止血　85
感染症　21, 34, 35, 36, 41, 42, 99

亀甲帯　89
気道確保　44, 63, 79, 113
救急（緊急連絡）体制　8, 10, 12, 13, 25, 50,
　　　　96, 97
救急車（の）要請　9, 10, 21, 22, 35, 38,
　　　　42, 44, 45, 49, 53, 56, 59, 62, 63,
　　　　86, 120, 121
救急車の呼び方　24
救急処置の手順　18, 25
仰臥位　78
胸骨圧迫　78, 112, 113, 114
切り傷　52, 53
起立性調節障害（ＯＤ）　47
記録　10, 11, 22, 23, 24, 53
口のけが　70, 72
経口補水液　42, 50
けいれん　21, 35, 37, 43, 44, 45, 48
　　　　49, 61, 62
（校内）研修　8, 10, 12, 50, 96, 97, 98,
　　　　99, 100, 101
骨折　21, 54, 55, 87, 93, 121
固定法　93, 94
鼓膜損傷　67

【さ】

座位　79
災害共済給付　8, 12, 104, 106
　〜金額　104
災害の範囲　104
刺し傷　52, 53
三角巾法　90, 91, 92
シーネ　93
止血点　85, 86
止血（法）　53, 62, 71, 84, 85, 86, 100
耳垢栓塞　69
事後措置　11
視診　18, 19, 20
宿泊行事　101
手掌法　58
出席停止　35
触診　18, 19, 20

133

食中毒	34, 40, 41, 42	～血圧	20, 21, 119
食物アレルギー	100	～呼吸	20, 21, 34, 37, 40, 43, 44, 46, 48, 78, 79, 98, 112, 113, 117, 121
ショック(症状)	19, 20, 21, 24, 42, 55, 120, 121	～体温	20, 21, 34, 37, 40, 43, 46, 48, 98, 118, 119
ショック体位	79, 121	～脈拍	20, 21, 34, 37, 40, 43, 46, 48, 98, 117, 118, 121
人工呼吸	112, 113	麦穂帯	89
心肺蘇生	9, 24, 49, 78, 98, 100, 101, 112, 113, 114, 121	発熱	34, 35, 37, 38, 40, 41, 42, 44, 80, 117, 118
頭痛	21, 37, 38, 39, 47, 48, 49, 62	鼻のけが	67
擦り傷	52, 53, 84	歯のけが	70, 71, 72
折転帯	88	半座位	78

【た】

体位	9, 21, 42, 44, 49, 63, 78, 79	反覆帯	89
蛇行帯	88	鼻骨骨折	67, 68, 69
脱臼	54, 55	膝屈曲位	78
打撲	54, 55, 82	鼻出血	67, 68, 69
虫垂炎	34, 40, 42	貧血	47
直接圧迫止血	63, 84, 85	腹臥位	78
突き指	54, 55, 82	副子	82, 93
手洗いの手順	128	腹痛	21, 40, 41, 42, 78, 121
低血糖(発作)	43, 45	プール	100, 101
てんかん	43, 44, 45	ブロッカーの法則	58
頭部外傷	21, 38, 43, 61, 62, 63	包帯法	87, 88, 89
独立行政法人日本スポーツ振興センター	11, 12, 23, 72, 104, 105, 106, 107	保健室利用カード	19, 26, 27, 28, 29
		保健指導	8, 9, 18, 22, 25, 36, 39, 42, 44, 47, 50, 53, 56, 60, 63, 66, 69, 72

【な】

熱傷(やけど)	21, 57, 58, 59, 60, 120		

【ま】

熱中症	34, 37, 43, 48, 49, 50, 100, 101, 104	耳のけが	67
		目のけが	64, 65, 66
捻挫	21, 54, 55, 82, 87	網膜剥離	64
脳貧血	46, 47, 49	問診	18, 19, 38

【は】

バイタルサイン	18, 19, 20, 21, 98, 116, 121		

【ら】

～意識	20, 21, 43, 48, 61, 79, 80, 116, 121	螺旋帯	88
		冷罨法	35, 38, 44, 49, 65, 80, 81

<監修者・著者紹介>

◆監修者

加藤啓一
　1980年、群馬大学医学部医学科卒業。日本赤十字社医療センター副院長、医学博士。
　日本麻酔科学会指導医・日本救急医学会専門医・日本集中治療医学会専門医

◆編著者

松野智子
　岩手県の公立高等学校養護教諭、指導主事として勤務し、平成15年3月退職。
　同年4月から十文字学園女子大学の講師・准教授を経て、平成23年3月退職。
　その後、同大学非常勤講師として勤務。

齋藤千景
　東京都の公立特別支援学校及び高等学校の養護教諭として勤務し、平成23年3月退職。
　同年4月から十文字学園女子大学講師、平成26年から准教授として勤務。
　現在埼玉大学教育学部准教授。

◆著者（五十音順）

髙橋裕子
　平成29年まで、東京都の公立高等学校の養護教諭として勤務。

土屋芳子
　山形県の公立小学校、東京都の公立高等学校の養護教諭を経て、現在私立中高等学校の養護教諭として勤務。

宮津百代
　東京都の公立高等学校の養護教諭を経て、現在私立高等学校の養護教諭として勤務。

山本和子
　群馬県の公立小中学校の養護教諭、指導主事として勤務し、平成19年3月退職。
　平成20年から22年まで十文字学園女子大学非常勤講師として勤務。

<参考文献・資料>

『南山堂 医学大辞典（19版）』南山堂、2006
藤井寿美子ほか『養護教諭のための看護学（三訂版）』大修館書店、2011
日本赤十字社編『赤十字 救急法基礎講習』日本赤十字社、2011
今井睦ほか『先生！ 大変です！ 救急車を呼びますか!!』東山書房、2009
荒木田美香子ほか『初心者のためのフィジカルアセスメント』東山書房、2008
『応急手当普及員講習テキスト』東京防災救急協会、2010
采女智津江ほか『新養護概説』少年写真新聞社、2012
竹下君枝ほか「救急ガイドブック―保健室からの学校再生―（非売品）」学校保健研究会、2003

養護教諭のための救急処置〈第3版〉

2013年4月15日	初版第1刷発行
2020年2月20日	第3版第2刷発行
監　修	加藤 啓一
編著者	松野 智子・齋藤 千景
著　者	髙橋 裕子・土屋 芳子・宮津 百代・山本 和子
発行人	松本 恒
発行所	株式会社 少年写真新聞社
	〒102-8232　東京都千代田区九段南4-7-16市ヶ谷KTビルI
	Tel（03）3264-2624　Fax（03）5276-7785
	https://www.schoolpress.co.jp
印刷所	大日本印刷株式会社

©Tomoko Matsuno, Chikage Saito, ほか　2013, 2016 Printed in Japan
ISBN 978-4-87981-589-7　C3037

本書を無断で複写・複製・転載・デジタルデータ化することを禁じます。
乱丁・落丁本はお取り替えいたします。定価はカバーに表示してあります。

スタッフ　編集：少年写真新聞社書籍編集課　DTP：横山昇用、金子恵美　イラスト：中村光宏、細尾沙代／編集長：野本雅央